홍콩 최고의 장사꾼들

# 홍콩 최고의 장사꾼들

**초판 1쇄 펴낸 날** | 2016년 1월 11일

**지은이** | 이영호
**펴낸이** | 이금석
**기획 · 편집** | 박수진
**디자인** | 김경미
**마케팅** | 곽순식
**경영 지원** | 현란
**펴낸 곳** | 도서출판 무한
**등록일** | 1993년 4월 2일
**등록번호** | 제3-468호
**주소** | 서울 마포구 서교동 469-19
**전화** | 02)322-6144
**팩스** | 02)325-6143
**홈페이지** | www.muhan-book.co.kr
**e-mail** | muhanbook7@naver.com
**가격** 15,000원
ISBN 978-89-5601-400-5 (03320)

# 홍콩 최고의
# 장사꾼들

이영호 지음

## 홍콩에 직접 가지 않아도
## 그들의 비결을 배울 수 있다면


가게 장사는 직접 하는 것 이전에 실전 현장 경험이 중요한 분야다. 가게를 오픈하고 성공적으로 안착하기 위해서는 지역 상권에 어울리면서도 지역 소비자들의 정서에 맞는 브랜드 친화력도 필요하기 때문이다. 그래서 창업을 할 때는 트렌드는 물론이고 각 상권별 유동인구의 생활 문화까지 꿰뚫는 안목이 중요하다.


관광객들의 등장!

가게를 찾는 고객들의 증가


시장의 경계가 사라지면서 창업자들에게 요구되는 능력으로 트렌드와 유행 감각을 넘어 문화 습득을 위한 언어학습까지 당연시되고 있다. 백화점과 로드샵뿐만 아니라 동대문시장처럼 특화상권에 이르기까지 내·외국인 상관없이 모든 소비자들이 곳곳에서 혼재되는 상황이기 때문이다. 창업자들에게 요구되는 업무가 늘어난 이유다.

그런데 현장에서 장사 좀 해봤다는 국내 자영업자들은 실패의 원인부터 찾는다. 그들이 찾는 실패 이유는 정부 탓, 경기 탓, 소비자들 탓이다. 서점을 하는 A씨는 책 안 읽는 독자들 탓이라고 하고, 치킨 가게 프랜차이즈를 운영하는 K씨는 이익이 너무 박하고, 본사가 홍보를 제대로 안 해서라고 둘러댄다. 직장인들 상대로 시내에서 식당을 운영하는 D씨는 원재료 값이 올라 메뉴 가격을 올렸는데, 직장인들이 지갑 사정만 생각하고 건강은 상관없는지 500원이라도 싼 옆 식당으로만 간다고 푸념이다.

과연 그럴까?

'장사 못 해먹겠다'며 일찌감치 더 손해 보기 전에 문 닫을 생각하거나, 권리금 붙여서 순진한 사람에게 넘겨버릴 심산을 갖고 있는 건 아닌지 반성해보자. 장사를 진짜 그동안 제대로 한 건지 생각해보고, 매출이 줄어든 이유가 무엇인지, 정부 정책만 믿고 있었던 것은 아닌지, 식당 장사 잘되게 해달라고 솥뚜껑 들고 나설 생각만 한 건 아닌지 생각해보자.

과거에는 가게를 차린다고 하면 쇼윈도 안에서만 머물던 특성이 있었기 때문에 인테리어 마감재와 디자인 등을 신경 썼지만, 현재는 쇼핑몰이라는 온라인 환경과 로드샵, 백화점 무대까지 골고루 고려해야 하는 전천후 장사 능력이 필요하게 되었다. 작은 가게도 성공할 수 있는 요건으로 변화했는데, 정작 가게 주인만 예전 그대로였는지 반성해야 한다는 의미다.

창업자들이 중요하게 여겨야 할 핵심 능력은 '소비자의 시선 그리고 마음을 움직이는 홍보기술'이다. 또한 소비자들은 주로 온라인에서 활동하고 백화점과 로드샵에 직접 나가는 것을 점점 줄이는 상황이므로, 온라인 환경과 오프라인 가게를 동시에 컨트롤할 수 있는 전략을 필수적으로 구사해야 한다.

최신 트렌드를 아우르는 멀티컬처Multi-Culture 경험을 가진 최고의 가게 장사 전략서의 등장은 절실했다. 외국에서 작은 가게들은 잘나가는데 우리나라에서만 자영업자들 죽는 소리가 들릴 뿐, 진즉 밖에서 성공전략을 찾을 생각을 안 한 게 문제다. 현실적으로도 해외로 나가 배워오지 않은 이상, 각 나라의 문화를 경험한 장사 유경력자의 진짜 노하우를 배울 기회가 극히 부족했다. 그래서 이 책《홍콩 최고의 장사꾼들》이 등장하게 되었다.

가게는 어렵지 않다. 창업자 스스로 즐겨야 한다. 장사를 제대로 하려면 창업자든 손님이든 모두 즐거운 가게를 만들어야 한다. 그래서 창업자들은 강의실에서, 백화점에서, 로드샵에서만 머물러도 안 된다. 기존의 지식을 배웠다면 과감히 현장으로 달려 나가 살아 숨 쉬는 트렌드와 유행을 경험해야 한다. 그래야만 소비자의 니즈를 이해하고 그들보다 반걸음 앞서 트렌드를 선보일 수 있다.

그리고 이제부터라도 '가게 장사'란 쇼윈도 혹은 상품 진열만이 전부가 아니라는 점을 알아야 한다. 쇼윈도는 과거의 홍보기술이면서 온라인 쇼핑을 지원하는 부가적 업무공간이 되었을 뿐이다. 소비자들은 스마트폰과 컴퓨터로 쇼핑하며 시간을 보내는데, 마네킹을 일렬로 세운 오프라인 쇼윈도 안에만 머물러선 안 된다.

이 책이 홍콩을 위주로 가게 마케팅 활용 전략을 담고 있는 이유다. 급변하는 쇼핑 환경에서 소비자보다 반보 앞선, 필요한 도움이 되기를 바라는 마음이다.

― 이영호

# 목차

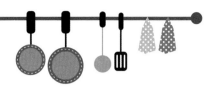

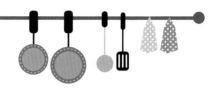

The Best restaurants in
Hong Kong!

# 01

## 공식 인증은 홍보 없이도 명소를 만듭니다. 게다가 착한 가격이라면 더더욱

∙
∙
∙

SHOP. 〈미슐랭〉지가 인정한 홍콩 최고 딤섬, 팀호완(添好運)

"유명한 딤섬 가게인데, 한 번은 들러서 꼭 먹어 봐야지?"

몽콕旺角에 팀호완으로 향하는 길이다. 몽콕에 올 때면 느끼는 것이지만 '왕성한 뿔'이란 한자어답게 홍콩 최고의 번화가로 성장하는 곳이란 생각을 갖게 한다. 그래서 몽콕에 올 때면 홍콩의 트렌드를 볼 수 있다는 기대를 한다. 한국의 홍대와 비교할 수 있을까? 몽콕엔 항상 젊은이들이 넘쳐나고 각종 먹거리와 최신 유행 흐름이 가득하다.

'몽콕은 세계 사람들이 모이는 곳이고 그만큼 경쟁이 치열한 곳인데, 호텔 주방장 출신이 가게 주인이라곤 하지만 단박에 유명세를 얻다니 대단하네.'

2011년인가? 프랑스 미식 문화의 대명사 〈미슐랭 가이드Michelin Guide〉지로부터 별 한 개 등급을 받았다고 알려지면서 더욱 유명세를 탄 곳이긴 한데, 사실 이 가게를 처음 연 사람이 포시즌스 호텔 주방장 출신이라는 사실을 아는 사람은 그렇게 생각보다 많지 않다. 미슐랭에서 달리 인정할 수밖에 없었다는 이야기가 아니다. 딤섬 가게를 열기 전에 최고의 호텔에서 이미 실력을 인정받은 주방장이 가게 주인이라는 얘기다.

'드디어 몽콕이다. E2 출구였지?'

몽콕 MTR 역 E2 출구로 나와서 쭉 직진하다가 3번째 블록에서 좌회전하면 둔다스Dundas 스트리트인데 이 안으로 들어가서 골목이 끝날 무렵 만나는 삼거리에서 다시 좌측 길 쾽와Kwong Wa 스트리트로 들어서면 드디어 팀호완에 다다르게 된다.

짜잔! 눈앞에 나타난 팀호완.

흰색 배경에 초록색으로 써둔 가게 상호 '팀호완 딤섬 전문점'이란 글자도 여느 가게들의 간판 모양과 큰 차이가 없다. 게다가 가게 안이 좁은 것도 마찬가지다. 유리문 통로에 덕지덕지 붙은 메뉴 소개와 주방장 소개, 손님들에게 전하는 메시지 정도가 전부다. 딤섬 전문점답게 갖가지 메뉴 사진을 붙여두는 것도 색다르게 보이진 않는다. 가게 앞 오토바이 스쿠터들이 즐비하게 주차된 모습을 보니 오히려 고개를 갸웃거리게 만든다.

좁은 공간에 도로변에 위치한 탓에 어수선한 분위기가 있는데도 불구하고 홍콩을 비롯하여 전 세계적으로 유명하게 된 이 가게의 매력은 무엇일까?

'오늘은 1시간 정도만 기다리면 되겠네. 다행이야.'

아침 10시부터 밤 10시까지 하루 12시간 영업하는 가게인데, 가게 영업 시간 전인 9시 무렵부터 사람들이 줄을 서기 시작하는 곳이다. 사람들이 가게 문 열기 전부터 줄을 서는 이유는 그래야만 조금 덜 기다리고 딤섬을 맛볼 수 있기 때문이다. 이른 아침 식사를 비롯해서 저녁은 물론, 외식을 즐기는 중국인들 특성에도 너무 오래 기다린다는 건 매력적이지 않다.

'차슈빠오, 하가우 주세요.'

돼지고기를 바비큐 소스에 곁들인 버터빵 '차슈빠오'와 새우를 재료로 만든 딤섬 '하가우'가 특히 인기가 높은 이 가게는, 언제 방문을 하더라도 두어 시간은 줄을 서야 하는 게 당연하게 받아들여지는 곳이다.

가게 점원이 내게 건네준 메뉴주문표에 표시를 하려다가 그냥 말을 했다. 점원이 체크하더니 재빨리 다음 사람에게 다가간다. 여기선 메뉴주문표가 번호표다. 메뉴 먼저 주문하고 줄을 서 기다리다가 자기 차례가 되면 들어갈 수 있다.

'차슈빠오酥皮叉燒包'에는 버터향이 난다. 손 안에 쏙 들어가는 작은 크기라 여자 손님들이 좋아한다. 크기는 작지만 한 입 베어 물면 빵 안에서 툭 터지며 가득 전해지는 바비큐소스가 혀끝을 자극하고 덩달아 씹히는 돼지고기 식감이 고소하면서 기분 좋게 맛있다. 분명 입안에서 씹고 잇는데 머릿속 전체가 향기에 취하는 기분이다. 버터맛과 바비큐소스, 돼지고기의 조합이 돈가스 미트볼을 느끼하지 않은 달콤한 버터 빵과 같이 먹는 느낌이다.

'하가우晶瑩鮮蝦餃'는 얇고 투명한 껍질 안으로 새우살이 그대로 보일 정도로 탱글탱글하게 들어찬 모습이다. 딤섬이긴 하지만 어째 그 모양 자체가 새우처럼 보이기도 한다. 식감도 훌륭하다. 새우살이 쫀득쫀득 씹히면서 잘 익은 새우를 식사대용으로 먹는다는 기분이 든다.

예전에 먹었던 기억을 되살리며 가게 앞에서 줄을 서서 얼마나 지났을까? 드디어 내 앞에 줄을 섰던 사람들이 한 명도 남지 않았다.

'이게 얼마 만이야. 드디어 내 차례군.'

가게 안으로 들어가 보자. 매장은 20평 정도로 2인용 테이블이 10여 개 정도 놓여 있다. 다닥다닥 붙어서 먹어야 하는데, 여기 가게 손님들은 밖에 사람들이 아무리 많이 기다려도 절대 급하게 식사하지 않는다. 그러니 또 밖에선 줄이 더 길어진다.

가게에서 사용하는 그릇들은 하나같이 안은 빨간색, 겉은 검정색이다. 중국인들이 좋아하는 빨간색을 안에 담아 식욕을 당겨 준다.

'메뉴를 더 시킬 걸 그랬나? 너무 오래 기다렸는데 달랑 두 개만 먹기 좀 그런데?'

밖에서 오래 기다리다 보니, 배가 덜 고파서 조금만 먹으러 왔던 사람들도 기다리다가 배가 고파지거나, 기다린 게 억울해서라도 다음에 또 온다는 걸 잊고 메뉴를 더 많이 주문한다. 뭘 먹어야 하나 걱정은 없다.

테이블에 앉자마자 손님들 눈앞에 메뉴판이 펼쳐진다. 메뉴 추가도 가능하다. 테이블 위에 놓인 메뉴판을 보고 가게 안 점원에게 주문하면 된다. 음료는 보이차가 가능하다. 한 컵에 2H$(홍콩달러)다.

'이제 기다리기만 하면 되는군.'

그토록 그리던 팀호완 딤섬을 주문한 후, 그제야 가게 안 풍경이 눈에 들어왔다. 바로 이곳이 아무 때나 가면 아무것도 먹지 못하는 가게이자, 문 열자마자 가면 기본 두어 시간은 기다려야 먹을 수 있는 가게가 아닌가?

'처음엔 진짜 뭣도 모르고 무작정 기다리기만 했었는데, 나중엔 번호표 먼저 받고 근처에 다른 곳을 구경하고 와도 된다는 거잖아. 역시 사람은 머리를 써야 해.'

이 이야기는 팀호완에 자주 오는 사람들에겐 불문율이다. 팀호완에 익숙해지면 번호표를 받고 기다리지 않고 근처 구경 갔다가 나중에 다시 오곤 한다. 번호표 순서가 지났더라도 먼저 온 사실이 확인되므로 바로 앞 사람보다 먼저 들여보내주는 비밀 아닌 비밀을 알기 때문이다.

"잘 먹겠습니다."

오늘 주문한 차슈빠오, 하가우가 나왔다. 언제 봐도 먹음직하고 먹기 전부터 그 맛이 머릿속에 그려지는 요리다. 그것도 홍콩 원조 가게에서 즐기다니 아침 일찌감치 발걸음을 서두르길 잘했다는 생각이 드는 순간이다. 가게 앞에서 1시간 정도밖에 기다리지 않았던 것도 기분 좋았다. 그 정도의 발품은 맛있는 요리를 먹기 위한 준비운동쯤으로 생각해줄 수 있었다.

팀호완(添好運)의
성공비결

### 1. 세계적 맛집 평가 잡지 〈미슐랭〉의 공식인증을 받았다.

최고급 호텔 주방 출신다운 실력을 다시 한 번 인증 받았다고 할까? 철저한 실력이 장점이다. 처음엔 미슐랭 브랜드를 기억하고 팀호완을 찾은 사람들이지만, 가게 안에 들어가면 미슐랭 인증 별표 외에도 여러 매체에서 선정해준 맛집 인증패가 걸렸다는 걸 보게 된다. 단순히 돈 주고 홍보하는 브랜드 광고나 TV 맛집 프로그램에 소개되는 것 정도가 아니다. 요식업계 관련 분야에서 까다롭기로 내로라하는 전문가들의 인증이 있다.

그리고 그런 인증은 팀호완을 찾은 수많은 손님들의 입과 귀를 통해 다시 전 세계로 알려졌다. 여기에 누구 하나 이의를 달지 않고 그 명성이 꾸준히 이어져 온다는 건 최고의 실력이 검증되었다는 얘기다.

### 2. 가격이 저렴하다.

홍콩에서 딤섬을 주문하려면 보통 25~45H$ 정도하는데, 여기에선 새우 딤섬이 22H$, 소고기두부 딤섬이 14H$, 찹쌀 딤섬이 12H$ 정도다. 모든 딤섬 메뉴가 대부분 10~20H$ 정도로 우선 가격이 다른 곳보다 저렴하

다. 최고급 맛으로 인증 받은 딤섬을 다른 가게의 절반 값에 즐기는 게 장점이다. 사람들이 몰리는 이유다.

"이 가게가 딤섬이 싸."

이 말을 하기엔 어쩐지 손님을 접대하는 사람들의 마음이 편치 않다. 이왕이면 좋은 사람에게 좋은 메뉴를 대접하고 싶은 게 사람이다. 하지만 이가게에 온 이유는 '인증 받은 맛'이기 때문이라고 내세울 수 있다. 맛도 있고 가격까지 저렴하고, 손님들이 몰리지 않을 이유가 없다.

### 3. 번호표의 색다른 기능! 메뉴주문표가 번호표다.

팀호완 앞에 줄을 서면 가게 점원이 사람들 줄을 보고 다니면서 번호표를 준다. 이건 그냥 숫자가 적힌 게 아니다. 손바닥에 쏙 들어오는 크기의 주문표가 되겠다. 먹으려는 메뉴에 표기해서 점원에게 다시 접수시키고 구경을 다녀와도 된다. 손님 입장에선 자기가 먹을 메뉴를 미리 주문해둔 것이고, 가게 입장에선 재료 준비할 시간을 확보하는 식이다.

"세상에서 가장 맛있는 요리는 배고플 때 먹는 요리야."

가게 앞에서 줄을 서는 동안 시장기가 돈 사람들이다. 배고프지 않을 때 왔더라도, 맛만 보고 가기 위해 왔더라도 가게 앞에서 줄을 서는 동안 시장기가 생긴다. 두어 시간 정도를 기다리다 보면 은근히 '당 떨어지는 소리'도 들린다.

'도대체 얼마나 맛있는 딤섬이기에 이렇게 줄을 서야 하는 거야?'

그리고 드디어 입장, 잔뜩 뾰로통해진 상태에서 오래 기다리느라 시장기가 돈 상황, 여기에 달콤한 육즙이 가득한 딤섬을 가장 맛있는 온도에서 먹는다고 해보자. 그 맛을 누가 부정할 수 있겠는가?

만약 기다리다가 지루해서 그냥 포기하고 가버린다면? 그래도 상관없다. 팀호완 앞에는 수많은 사람들이 줄을 선다. 그들이 미리 표시한 주문표가 주방에 가득하다. 몇 명의 손님들이 줄을 이탈하고 노쇼NO SHOW한다고 해도 괜찮다. 주방에선 재료만 준비해둔 상태다. 가게 안에 손님이 들어와서 착석하고 주문하면 그때부터 음식을 만들기 시작한다.

메뉴판 주문표의 최대 장점은 주방에서 다음 순서에 만들어야 할 메뉴를 짐작하고 있게 해준다는 점이다. 뭐를 만들어야 할지 모르고 있다가 주문을 받는 것과 대략적으로 다음 메뉴를 짐작하고 있다가 만드는 것은 맛의 차이를 결정짓는다. 호텔에서 예약하고 메뉴도 미리 주문하는 것처럼.

팀호완에서는 '메뉴판 번호표'가 그 역할을 담당한다. 호텔과 다르게 꾸준히, 불시에 들이닥치는 손님들에게 보다 맛좋은 호텔급 딤섬요리를 제공

하려면 어떤 방법이 좋을까? 궁리한 결과 만든 전략 아닐까?

딤섬을 주문하려고 해도 홍콩어나 중국어를 모른다면? 상관없다. 테이블에 그림이 있다. 그림을 골라서 메뉴를 점원에게 말해주면 된다. 테이블에 주문을 받으러 오는 점원은 그림판 메뉴를 들고 오니 걱정 말자. 가게 앞에 줄 서며 메뉴판 번호표에 미리 체크했다고 해도 가게 안에서 그림판을 보고 수정이 가능하다.

# 02

## 누구에게나 부담 없는, 꼭 필요하진 않지만 그래도 손이 가는 메뉴로 승부하다

．
．
．

SHOP. 홍콩에선 손님 입맛에 따라 만든다, 제니 베이커리(珍妮曲奇)

"한 번 맛보면 손을 뗄 수 없는, 멈추지 못하는 과자가 있다고?"

벌꿀 감자칩이 유행이다. 이건 무슨 과자를 명품처럼 파냐고 사람들의 볼멘소리도 들렸지만 그 회사에서는 단단히 마케팅 전략을 세웠던 모양이다. 사람들에게 기다리게 한 만큼 그 과자에 대한 화제성도 생기고 인기를 얻으리라는 걸 알았던 게 분명하다.

'기다리게 한 만큼 대중은 열광한다.'

이 말을 생각해보자.

월드컵이 4년마다 개최되고, 올림픽도 4년마다 열린다. 왜 2년, 3년 간격이 아닐까? 사람들이 좋아한다면 매년 열려도 상관없지 않은가? 하지만 현실은 다르다. 여기서 4년이란 시간은 한 세대를 의미한다. 중학생이 고등학생이 되는 시간, 고등학생이 대학생이 되는 시간이다(물론 나라마다 사정이 다르다. 6년, 3년, 3년으로 초·중·고등학교를 다니는 경우도 있고, 미국처럼 12학년제 체제를 유지하는 나라도 있다. 하지만 이런 학기제는 단순 수치상 구분일 뿐이고, 8학년이 12학년을 어른으로 생각하고 윗세대로 여기게 되는 것은 다름이 없다.).

중학생이 바라보는 고등학생은 어른이다. 체격도 어른이고 생각도 어른이며 공부하는 내용도 중학생인 그들과 차원이 다른 내용들이다. 고등학생은 중학생이 바라보는 닮고 싶은 형, 누나, 언니, 오빠의 모습이다. 그런데 고등학생이 바라보는 대학생은 부러움의 대상, 성공적으로 어른의 삶에 진입한 그들의 우상이다. 고등학교까지 배운 내용으로 시험을 치르고 대학에 성공적으로 들어간 그들의 모습은 고등학생들에게 있어서 머지않은 미래에 닮고 싶은 모습이다.

그래서 세계적으로 인기를 얻는 대회들은 4년이라는 황금시간을 골랐다. 4년마다 개최됨으로써 바로 다음 세대가 지금 세대 선수들의 모습을 부러워하게 만들었다. 시간이 흐를수록 인기를 더해가는 이유다.

이처럼 기다림이란, 간절함의 다른 말이다. 벌꿀 감자칩뿐만 아니다. 스마트폰도 마찬가지다. 요즘엔 모 연예기획사들에서도 소속 아티스트들의 새 앨범 출시나 활동 시점에 대해 보도자료를 내면서 '기다림 전략'을 쓰는 중이다. 사람들의 간절함을 극대화시킬 수 있고, 간절함을 얻지 못하더라도 대신 '화제성'을 부각시킬 수 있어서다. 심지어 약속을 어기기도 한다.

내일 출시된다고 했다가 다음 주로 연기하는 식이다. 재고가 부족하다는 핑계를 댄다. 그러면 사람들은 또 흥분한다. '재고가 부족하다'는 그들의 말이 사실인지 거짓인지 따질 생각도 안 하고 무조건 열광한다.

'도대체 얼마나 많이 팔리기에 재고가 부족한 거야!'

그래서 '기다림'을 이용하는 마케팅은 분야를 가리지 않고 여기저기서 사용되는 중이다. 세상에 나오기만 해라. 어떻게든 구해 갖겠다. 어디서든 보는 순간 잡아채겠다는 사람들이 늘어난다.

제품 출시 전에 가게 앞에 텐트를 치고 노숙을 하여 '1호 구매자'가 되었다는 기사로 신문에 오르내리는 것도 마다 않는다. 설령 그것이 마케팅에 철저히 당한 '호갱님'일지라도 그 당시엔 모른다. 자기가 산 제품이 6개월 뒤엔 구제품이 된다는 것도 생각하지 않는다. 사람들에겐 그 순간의 욕구 해소가 뿌듯할 뿐이다.

그런데 오늘 내가 가는 곳은 이처럼 '기다림을 간절함으로 바꾸는 마케팅'과는 조금 다른 이야기를 떠올리게 하는 곳이다. 홍콩에선 이미 오래 전부터 유명한 과자 가게가 있는데 중독성을 이야기하자면 빼놓지 않고 기억하게 되는 곳, 입에서 입으로 소문난 곳답게 홍콩을 다녀오는 사람들 손에 어김없이 하나씩 들려 있는 '제니 베이커리珍妮曲奇' 이야기다.

한자어 '진니곡기'는 중국어 발음상 '제니 쿠키'인데, 뜻을 보자면 '진귀

한 여자가 만드는 기이한 것' 정도가 되지 않을까? 하지만 이런 생각은 잠시 덮어두자. 중국인들은 그저 발음 나는 대로 의미를 두지 않고 상호를 표기하기도 한다.

'작년인가? 설 연휴 때 와서 선물을 사주겠다고 하다가 낭패였지.'

해마다 설 연휴 기간엔 10일 정도 휴무를 갖는다. 이걸 모르는 사람들이 홍콩에 와서 제니 쿠키 가게 앞에 오고는 문 닫힌 가게만 보고 돌아가기 일쑤였다. 일부는 그래서 아쉬운 대로 암거래로 파는 가짜 제니 쿠키를 사는 경우도 있다. 제니 쿠키가 인기를 얻다 보니 가게 주위에서 비슷한 짝퉁을 만들어 파는 사람들이 적지 않다. 가격도 더 저렴하지만 그 내용물은 뭔지 모르는 과자들이다.

'도대체 제니 쿠키가 무슨 맛이기에?'

홍콩에서 제니 쿠키를 처음 듣고 가진 생각이다. 홍콩인들뿐 아니라 홍콩에 오는 외국인들 입소문으로 유명세를 얻는 가게, 과자 하나 사가려고 줄을 서는 곳, 해외에 가서도 그 맛을 잊지 못해 다시 홍콩을 찾는 사람들이 늘어난다는 전설을 가진 가게 등등 제니 쿠키를 이렇다 저렇다 표현하는 사람들의 이야기는 끝이 없다. 인스타그램www.instagram.com이나 구글 www.google.com에서 검색해보면 그 진가를 안다. 야후홍콩www.yahoo.com. hk을 살펴봐도 관련 후기와 이미지, 뉴스가 수두룩하게 검색되는 곳, 최소한 인기 없는 곳은 아니구나 생각하게 되는 곳이다.

제니 쿠키를 기억하는 사람들은 '4가지 맛, 8가지 맛' 구성 쿠키 세트를 선호한다. 그리고 그들의 일관된 시식평을 들여다보면 '제니 쿠키는 잘 부숴질 정도로 부드럽긴 하지만 일단 입안에 넣고 보면 달기도 달거니와 자꾸 손이 가게 되는 맛'이 장점이라는 얘기를 한다.

생각해보자. 입에서 잘 녹는 건 설탕 때문 아니겠는가? 그런데 입안에 넣자마자 사르르 녹듯이 부서지며 느끼게 되는 맛이 일품이라는 얘기는 또 뭔가?

제니 쿠키를 곰인형이 그려진 동그란 철제 상자에 담아주는데 사랑스럽고 귀여운 디자인이다. 그래서 과자를 다 먹더라도 케이스를 소장하게 되면서 볼 때마다 제니 쿠키를 떠올리게 된다. 먹고 버리는 포장이 아니라, 먹고 보관하고 자주 이용하는 포장이라는 게 무기인 셈이다.

제니 쿠키 가게에 가보자. 시간대를 잘 골라야 줄 서는 수고를 덜 수 있다. 평일 오후 2~3시 사이가 그나마 한가한 시간이다. 시간이 좀 된다면 저녁 무렵에 가보자. 무난하게 쇼핑 가능하다. 제니 쿠키 가게에서는 보통 1시간을 기다려야 한다.

제니 쿠키는 홍콩에 2개의 지점이 있다. 아침 9시부터 저녁 6시 30분까지 영업하는 침사추이점(나단 로드 54-56B, 미라도 맨션 shop 24G/F), 아침 10시부터 저녁 7시까지 영업하는 성완점(성완 MTR 역 E2 출구, 성완上環 윙워永和

스트리트 15번지)이 있다. 두 가게 중에 어느 곳을 가더라도 동일한 제니 쿠키 맛을 볼 수 있다.

가격은 4개 맛 스몰 사이즈 70H$, 라지 사이즈 130H$이고, 8개 맛 세트는 각각 120H$, 190H$다. 제품들의 가격은 이전 가격보다 조금 올랐다.

가게 안으로 들어가 보자. 흰색 톤으로 어우러진 가게 분위기는 깔끔하다. 나무색인가? 갈색 톤으로 새겨진 상호 'Jenny Bakery'라는 글자가 한눈에 쏙 들어오고 그 옆엔 면류관인가 월계수인가 나뭇가지가 동그랗게 원을 그리며 그 안에 'Since 2005'라는 표시가 보인다. 2005년부터 이 가게를 시작했다는 얘기다.

'아, 이 갈색? 눈에 익은데?'

그러고 보니 흰색 바탕에 갈색 글자는 건물 외벽에 마감재 색이랑 닮았다. 전체적으로 통일감을 주기 위해서였을까? 같은 맨션 건물 안에 다른 가게들을 보니 그런 것 같진 않다. 제니 쿠키만의 분위기다.

제니 쿠키 앞에 가까워올수록 유리창 안으로 보이는 풍경이 눈에 들어온다. 손님들 중에는 방금 사 갖고 나온 쿠키 포장을 가게 앞에서 열어보며 서둘러 맛을 보는 이들도 있다. 동그랗게 만든 철제 케이스 안에 가장자리 원을 그리듯 쿠키를 일렬로 세워두고, 그 안에 생긴 작은 원 공간 안에도 과자를 세워 넣었다. 쿠키를 먹기 편하게 세로로 세워 담는 것도 아이디어다.

거기서 끝이 아니다. 빈틈없이 꽉꽉 채워준다는 느낌이랄까? 세워둔 쿠키들이 흔들리면서 줄이 무너지지 않도록 제일 마지막 작은 공간까지 쿠키 한 개를 콕 넣어주는 센스도 보였다.

케이스 안에 쿠키들이 질서 정연한 것에 비해 맨션 안에 자리 잡은 가게 풍경은 그저 심플하다 못해 단출하다. 제니 쿠키 가게 앞에 '이쪽으로 줄을 서시오'라고 표시해둔 줄(공항에서 티켓팅 할 때 길게 연결되어 있는 줄처럼 되어 있다)까지도 '질서'를 지켜야 한다는 느낌이 강했건만 가게 안 풍경은 주문과 쿠키 주고 받기, 결제가 전부일 뿐이었다.

'주문을 하면 점원이 안에 들어가서 포장 케이스를 들고 나오네?'

주문을 받는 점원의 웃는 얼굴 뒤로 상상되는 그것, 어마어마한 주문량을 자랑하듯 가게 주문대 뒤에 높게 쌓아둔 제니 쿠키 포장 케이스들이 하나 같이 예쁜 봉투 안에 들어간 상태라는 걸 보면 이 모든 게 다 미리미리 준비해둔 결과라는 걸 알게 된다. 사람의 키도 훌쩍 넘을 만큼의 높이다.

"4가지 맛 세트 주세요."

"한 가지 맛 포장 한 개랑, 두 가지 맛 포장 한 개 주세요."

"8가지 맛 세트요."

카운터 앞에 서서 자기가 원하는 맛을 이야기하면 점원이 뒤에 쌓아둔 포장세트에서 그 맛을 집어 건네준다. 산처럼 쌓은 포장세트가 채 사라지기도 전에 또 다시 그 위에 과자 포장이 높게 쌓인다. 한쪽에선 만들고 한쪽에선 파는 중이다. 이런 모습이 가게 영업시간이 다하도록 지속된다.

제니 베이커리(珍妮曲奇)의
성공비결

## 1. 한 세트를 구성하는 조화로운 쿠키의 배합

4가지 맛 세트4mix味道는 牛油小花(버터꽃 쿠키), 咖啡小花(커피꽃 쿠키), 燕麦提子(귀리 쿠키), 脆牛油(바삭한 버터 쿠키)로 구성되는데, 이처럼 쿠키 모양과 원재료의 맛을 중심으로 적절하게 섞었다.

여기에 또 하나의 인기 세트인 8가지 맛8mix味道에는 啡杏仁(커피아몬드), 腰果(캐슈넛), 앵속자라고 부르는 양귀비씨앗을 넣은 杏仁罂粟子(아몬드 양귀비씨), 개암이라고 부르는 榛子(헤이즐넛), 核桃(호두), 开心果(피스타치오), 씨앗의 속살을 말하는데 부럼으로 통용되는 果仁(땅콩), 땅콩류를 넣어 만든 초콜릿 巧克力果仁(땅콩초콜릿) 쿠키가 들어간다.

그리고 1가지 맛味道만 주문하면 '버터 쿠키' 세트를, 2가지 맛을 주문하면 '버터 쿠키와 커피 쿠키' 세트를 준다.

이처럼 제니 쿠키의 맛을 보면 버터를 기본으로 커피 및 각종 고소하고 몸에 좋은 재료가 들어간 걸 알게 된다. 하나가 달면 하나가 고소하고, 하나가 식감이 당기면 다른 건 바삭한 느낌을 내는 재료들 아닌가? 쿠키 한 세트에서 4가지 맛, 8가지 맛을 골고루 맛볼 수 있게 해준다는 점이 장점이다.

## 2. 상표 등록으로 고유의 맛을 지킬 수 있게 했다.

jenny珍妮는 상표 등록이 되어 있고, 원재료인 밀가루와 과일은 모두 미국산 수입재료다. 상표를 등록해두면서 고유의 맛을 지킬 수 있게 해두었고, 모든 쿠키를 수제로 만들어 정성을 배가시켰다.

기계가 뽑아내는 쿠키가 아니라 사람들이 직접 손으로 만들기 때문에 반죽부터 포장되는 순간까지도 모든 게 일사천리로 정갈하게 만들어질 수 있다. 예를 들어 완성된 쿠키를 포장에 담을 때다. 사람들이 직접 손으로 집어 담게 되는데 이 순간 쿠키의 질감과 식감을 느낌으로 알 수 있다. 쿠키한 개를 집어서 포장에 넣을 때 손끝에 전해지는 무게감과 질감, 쿠키의 반죽 상태와 굳기 등이 모두 전해진다는 얘기다.

기계로 만드는 쿠키라면 성분배합률과 재료만 알고도 똑같은 맛을 낼수 있다. 하지만 사람들이 직접 만들고 담는 쿠키이기 때문에 기계가 따라오지 못하는 섬세함이 있다. 기계는 쿠키의 무게와 성분만 확인하고 세세한모양까지는 확인할 수 없지만, 사람은 질감과 무게감, 모양 그리고 바삭함과굳기까지 모든 걸 손으로 집어 알 수 있기 때문이다.

### 3. 포장 케이스마저 하나의 캐릭터다.

제니 쿠키의 포장 케이스는 매월 바뀐다. 제니 쿠키는 매월 인디언 곰, 신부 곰 등처럼 다양한 곰을 모티브로 디자인하여 포장을 새롭게 바꾼다. 그래서 귀여운 곰 그림이 들어간 제니 쿠키 포장을 매월 전문적으로 수집하는 사람도 있다고 한다.

"다음 달 곰은 어떤 디자인이지?"

"맞아, 이 제니 쿠키 곰. 그때 이 쿠키 맛있었는데, 또 가볼까?"

쿠키 포장을 버리지 않고 계속 모아두고 사용하게 된다. 맛있게 먹어버린 쿠키는 이제 없지만 제니 쿠키는 손님 옆에 남게 되는 전략이다. 버릴 수 없는 포장 케이스의 장점이다.

특히 여자들에게 실용적인 철제 케이스다. 아기자기한 것들을 넣어두고 보관할 수 있을뿐더러 누군가에게 선물하기에도 부족함 없는 포장케이스다. 한 명의 고객이 제니 쿠키를 사 갔지만 포장케이스를 보는 사람들은 그 이상, 수십 여 명이 될 수도 있다.

# 03
# 똑같은 메뉴라도
# 고객이 직접 맛을 만들 수 있게 해보세요

⋮

SHOP. 맛을 고집하지 않는 맛집으로 유명하다, 싱럼쿠이(星林居)

"오늘 홍콩 추워. 17도는 될 걸?"

"그게 무슨 소리야? 17도면 선선한 가을 날씨구만! 반팔 입고 다녀!"

"홍콩을 몰라? 여기선 그 날씨에 오리털 점퍼 입고 다녀. 춥다고."

홍콩을 더운 지역이라고만 기억하는 사람들이 많다. 하지만 그건 여름에 홍콩을 와 봤던 사람들의 이야기일뿐이다. 우리나라의 한겨울에 해당되는 1월에 홍콩을 와 본 사람은 안다. 1월의 홍콩 날씨는 17도 정도로 우리나라의 영하 날씨와 비교해 추운 편은 아니라지만, 홍콩 현지에서 생활해보면 어쩐지 두꺼운 옷을 입고 다녀도 괜찮을 것 같은 기분이 든다. 거리에 보면 반팔 소매를 입고 다니는 사람도 있는 반면, 두꺼운 패딩 점퍼를 입고 다니는 사람을 볼 수 있다.

아침부터 한국에서 걸려온 전화 통화 중에 홍콩 날씨로 옥신각신 대화를 마친 탓인지 왠지 따끈한 국물이 생각나는 하루다. 내가 머무는 숙소가 그나마 호텔이라서 난방이 잘된 덕분에 간밤에 춥게 지내진 않았지만, 난방시설 없는 홍콩의 건물들 형편에선 아마도 어제 정도의 날씨에 추워하는 사람들이 꽤 있었을 거라 여겨진다.

'그래, 오늘은 왠난 국수가 제격이야. 따끈한 국물에 쌀국수까지.'

중국어 발음상 '왠난'이라고 부르는 곳은 중국의 서남부에 운남성雲南省을 말한다. 사시사철 봄과 같이 온화한 날씨가 이어지는 덕분에 천연재료가 풍부하다. 그래서 '요리'로 둘째가라면 서러워할 사람들 사이에서 '식물의 왕국'이라거나 '향료의 왕국'으로도 불린다. 재료가 많은 만큼 다양한 요리가 나올 수 있어서다. 이처럼 천혜의 자연환경에서 비롯된 수많은 재료로 얻는 다양한 요리들 중에서 하나를 꼽으라면 단언하건대 '과교미선過橋米線'

이다.

'침사추이, 완차이, 성완, 몽콕. 어딜 가지? 숙소랑 제일 가깝고 매운맛도 내 입맛에 맞게 만들어 먹는 곳! 오늘은 침사추이에 있는 싱럼쿠이星林居에 가야겠어. 과교미선 하면 또 윈난 국수가 제격이지.'

일단 메뉴를 정하고 나니 마음이 가벼웠는데, 오랜만에 맛볼 윈난 국수를 생각하니 MTR을 타고 가는 중에도 발걸음이 어서 빨리 가자 재촉하는 것 같았다. MTR 침사추이 역에서 A1 출구 앞, 락lock 로드를 따라 직진하면 노란 바탕에 한눈에 보기에도 맵게 보이는 국수 사진 간판이 보이는데, 카나본carnarvon 로드 16번지 골든글로리 맨션金輝大廳 golden glory mansion 3층에 자리 잡은 싱럼쿠이에서는 과교미선으로 대표되는 중국의 윈난성 지역에서 시작된 국수 메뉴를 맛볼 수 있다.

싱럼쿠이는 홍콩에서 중국의 윈난 국수를 파는 가게를 소개하는데 빠지지 않는 곳이다. 과교미선過橋米線은 '다리를 건너온 쌀국수' 정도로 풀이할 수 있는데, 그 이름이 불리기까지 유래를 찾아보면 남편에 대한 사랑이 자리 잡고 있다는 걸 알게 된다.

지금으로부터 백여 년 전에 중국의 윈난성 남쪽 멍즈蒙自 현에는 '남호南湖'라고 불리는 아름다운 호수가 있었는데, 당시 과거시험을 준비하던 사람들은 남호에 있는 누각에서 공부를 하는 게 유행이었다고 한다. 우리나라로 치면 절간에 들어가서 공부를 하는 것에 비유될까? 지금은 용도가 많이 변질된 감이 없진 않지만, 한때는 사법시험 준비한다는 사람들이 머물던 신림동 고시원에서 공부하는 것에도 비유할 수 있겠다.

어쨌든 각설하고, 바로 여기 남호 누각에서 공부를 하던 한 남자가 있었는데, 그가 공부를 하면서 이곳에서 머무는 동안 매번 끼니를 준비해서 갖다 주던 지극정성의 아내가 있었다. 하지만 아내가 해주는 식사가 집에서 남호까지 가는 동안 식어버리기 일쑤였고, 남편도 입맛이 없는지 식사를 제때 하지 않아 몸이 여위기만 했다고 한다. 요즘 같았으면 배달업체나 근처 편의점에서라도 식사를 했겠지만, 그 당시엔 그런 게 없었으니 오로지 아내의 밥수발이 남편을 먹여 살렸던 셈이다.

하루는 아내가 남편 몸 건강도 챙겨줄 겸, 뚝배기에 닭을 삶아 고아서 가져갔는데 남편이 식사를 마쳤음에도 여전히 뚝배기에 온기가 남아 있는 걸 알게 되었고, 그 국물에 야채와 쌀국수를 넣어 먹었더니 그 맛이 탁월했다고 한다. 후에 남편에게도 닭을 먹인 후 그 국물에 야채를 넣어 쌀국수를 만들어 주었는데, 아내의 정성 덕분에 남편이 건강을 회복하고 과거시험에 합격했다고 한다. 후에 이 요리를 '과교미선過橋米線'이라 불렀다는 얘기다.

"오후 1시가 조금 지난 무렵이니까, 딱 맞게 온 거야."
가게는 아침 11시 30분부터 새벽 2시까지 영업하는 곳이었지만, 식사 때를 피해서 오면 번잡하지 않고 여유롭게 식사를 즐길 수 있다는 장점이 있다.

메뉴는 국물 국수랑 비빔국수 두 종류인데, 고명(토핑)을 손님 마음대로 고를 수 있다는 게 특색이다. 면 국수는 24H$로 저렴하고, 토핑 재료에 따라 가격이 오른다는 점을 알아두면 메뉴를 주문할 때도 편하다.

"오늘은 매운맛으로요."

이 가게에서는 매운맛, 신맛 등을 손님이 정할 수 있어서 각자의 입맛에 따라 자기만의 국수가 가능하단 점도 장점이다. 왜 그런 날 있지 않은가? 어느 날엔 전날 느끼한 식사를 해서 담백한 메뉴가 당기는 날이 있고, 또 어느 날엔 날씨도 쌀쌀하고 말을 많이 한 날이라서 얼큰하고 매콤한 맛이 당기는 날 말이다. 특히 이날은 쌀쌀한 날씨라 매콤한 맛이 그리웠다.

메뉴를 주문하고 가게 안을 둘러 봤다. 여길 처음 오거나 잘 모르는 사람이 찾아온다면 다소 의문이 들 것이다.

'누가 여기 모르고 보면 이탈리안 식당으로 알겠는데?'

한국에선 '쌀국수' 하면 베트남 쌀국수를 떠올리는데, 홍콩이나 중국에선 운남성 쌀국수가 인기이니 그것도 색다르다. 쌀이 주식인 운남성에서 시작된 색다른 쌀국수인 셈이다. 물론, 홍콩에는 완탕면이나 볶음면처럼 여러 가지 종류의 쌀국수가 있지만, 완탕면만큼이나 유명한 쌀국수가 바로 '과교미선'이라 불리는 쌀국수다. 홍콩에서 쌀국수가 먹고 싶다면 '베트남 쌀국수 가게'를 찾으면 안 된다.

가게 내부는 깔끔하고 널찍하며, 정갈하고 청결한 인상을 주기에 충분했다. 창가쪽 테이블들이 4인석 기준으로 나란히 일렬로 늘어서 있고, 가게 안 테이블들도 깔끔한 구성이다. 가게 안이 어둡다는 생각이 조금도 들지 않고 밝다. 패스트푸드점과 같은 분위기마저 느껴진다.

주문을 할 때 육수면과 비빔면 타입을 고를 수 있다. 가격은 24H$부터다. 국수를 골랐으면 토핑 재료를 고르는 A단계로 넘어간다. 손님은 자기가 먹고 싶은 재료를 골라서 체크해주면 된다. 만약 국수나 토핑 재료를 잘 모르겠고 생각하면서 고르는 게 귀찮다고 여겨진다면 바로 다음 단계로 '세트' 메뉴를 골라주면 되겠다. 손님들에게 인기가 높은 세트 메뉴로 구성해 두고 있으니 편하다.

여기서 끝이 아니다. 매운맛 정도 고르기, 신맛 정도 고르기, 그밖에 개인의 취향상 호불호가 갈리는 '파' 등의 재료를 넣거나 뺄 수 있는 선택의 단계가 남아 있다. 언뜻 생각하면 '속을 내가 골라 만드는 맞춤형 햄버거'를 주문하는 기분이 든다. 메뉴만 햄버거가 아니라 국수라는 점이 다를 뿐이다. 이처럼 손님의 맛 취향을 제대로 배려해주는 가게가 또 있을까? 물론, 여기서 핵심은 매운맛 고르기다.

'드디어 나왔군!'

아침부터 이 맛을 기다려온 탓이다. 점원이 갖다 준 메뉴를 보면 군침이 저절로 생긴다. 쌀쌀한 날씨도 한몫했다. 매운맛이 생각나게 해주는 날씨라니, 날씨와 가게는 진짜 떼려야 뗄 수 없는 서로 돕는 사이 아닌가? 이런저런 생각으로 들뜬 기분을 애써 가라앉히고 다시 식사에 집중.

내 앞에 놓인 국수를 보자. 매운맛의 기본 국수다. 숙주나물도 넣었고 부추도 들어갔다. 채소는 중국인들이 잘 먹는 소금에 절인 채소로 했다. 아, 근데 맵다. 매워도 좀 많이 맵다. 난 매운 걸 먹으면 왼쪽 귀가 아파지는 경향이 있는데 이날 국수를 먹는 내내 왼손으로 왼쪽 귀를 눌러주며 먹느라 고생 좀 했다. 그나마 다행인 건 국수에 숙주를 넣기 잘했다는 생각이다.

'국수도 면발이 좋지만 숙주랑 부추가 들어가니까 국수 면발이 더 살아나는 느낌이야!'

## 1. 맛을 고집하지 않는다.

맛집이기는 한데 딱히 정해진 맛이 없다? 사람들의 입맛은 까다롭다. 사람들은 작은 '혀'로 맛을 느끼지만 그 '혀'가 얼마나 간사하고 다재다능한지 사람마다 원하는 맛이 다르다. 모든 게 그 '혀' 때문이다. 혀가 원하는 맛이 다르다는 사실을 전제로, 하나의 맛을 고집하기보다는 '될 수 있는 한 많은 혀들을 만족시키기 위한 전략'을 세웠다.

## 2. 손님이 직접 자기 맛대로 주문한다.

사람들이 즐겨 찾는 인기 있는 식당인데 정해진 맛이 없는 가게다. 사람들은 식당의 맛을 보러 오는 게 아니라 '자기 맛'을 즐기러 온다. 이 가게의 '주방장이 만드는 맛'을 주문하는 게 아니라 '손님들 각자의 입맛에 따라 주문한다.

사람들 입맛은 변하니까. 맞다. 매번 단 것만 먹던 사람도 시간이 흐르면서 담백한 요리를 찾는다. 매운 것만 먹던 사람일지라도 어느 순간부터는 고춧가루가 안 들어간 요리를 찾는다. 사람들 입맛은 변하기 마련이고, 입맛

이 달라진 가게 단골들을 잃는 것보다는 단골들의 입맛대로 주문하게 해주면서 가게에 오게 하는 게 더 이익이다.


### 3. 날씨에 따라 생각나는 가게가 되다.

창가에 후두둑 소리를 내며 비가 내리는 날씨엔 사람들이 파전이나 부침개 그리고 막걸리를 떠올린다. 지붕에 비 내리는 소리가 파전 굽는 소리와 비슷해서라는 이야기도 있다지만 어쨌든 사람들은 날씨에 따라 입맛이 달라진다.

'식사는 해야겠고 뭘 먹지?'

점심시간이 되면 뭘 먹을지 고민인 사람들이다.

거리로 나와 보더라도 막상 어제 갔던 식당엔 다시 가기 꺼려진다. 오늘은 뭔가 내 입맛을 충족시켜줄 쌈박하고 입에 착착 감기는 맛이 없을까? 고민하며 주위를 둘러보지만 어제 그곳들뿐이다. 예전부터 익히 자주 들렀고 그런 식당들에서 파는 메뉴들은 대부분 먹어봤던 메뉴다.

'차라리 도시락을 싸서 다녀?'

여러 생각을 해보지만 그것도 잠시, 자신이 입맛을 정하지 못한 이유를 알게 된다. 모든 게 날씨 때문이다. 그러고 보면 매일 매일 똑같은 날씨가 없다. 하루는 비가 내리고, 다른 날은 해가 뜨고, 또 다른 날은 구름이 잔뜩 끼거나 바람이 불기도 한다. 비가 내리는 듯하더니 이내 그치고 해가 뜬 날도 있다. 요란한 우박을 동반했던 날도 있다.

'오늘은 조금 다르게 먹어 봐야지.'

어제 국수를 먹었더라도 오늘은 조금 덜 매운맛, 내일은 싱거운 맛이 가능하다. 그 다음 날엔 부추를 빼거나 숙주를 더 넣어 먹어 볼 수도 있다. 이도저도 아니면 세트 메뉴를 먹어볼 수도 있다. 손님들은 날씨에 따라 달라진 자기 입맛에 맞춰 맘대로 메뉴를 만들어 먹을 수 있는 가게에 온다.

# 04

## 아무것도 아니라고 느껴진다면
## 그 안에 특별함을 담아보세요

⋮

SHOP. 황금의 느낌을 에그타르트로 표현하다, 타이청빙가(泰昌餅家)

'에그타르트?'

홍콩에 촬영을 하러 왔을 때의 일이다. 모델로 선발된 일행들이 비행기에서 내리자마자 꺼낸 이야기가 '에그타르트'였다. 홍콩에 오면 무엇보다도 가장 먼저 먹어봐야 한다는 그것, 한국에 친구들이 홍콩 간다고 했더니 무조건 그거부터 먹어보라고 했다는 그것이 바로 에그타르트였다. 도대체 에그타르트가 뭐기에.

"대표님, 에그타르트 언제 먹으러 가요?"

"여기 미드레벨 에스컬레이터 쪽에 유명한 곳이 있다던데요?"

"에그타르트가 홍콩에서 꼭 먹어야 하는 아이템이래요!"

3박 4일 짧은 기간 동안 촬영을 하면서 쉬지 않고 들었던 이야기가 바로 에그타르트였다. 남자들보다는 여성들에게 더 인기 높은 에그타르트의 매력은 도대체 뭘까?

모처럼 홍콩에 온 이번엔 에그타르트로 유명한 '타이청빙가泰昌餅家'의 이야기를 담아갈 요량으로 서둘러 숙소를 나섰다. 이곳은 국내에 모 방송 프로그램이 다녀간 곳이기도 하다. 한국인들에게도 방송을 통해 널리 알려지면서 명소가 된 곳인데, 가상 결혼을 다루는 프로그램에서 가인과 조권이 다녀간 이후로 국내에도 많은 이들에게 알려졌다.

에그타르트는 마치 해바라기처럼 가장자리를 바삭한 빵이 감싸고 있고, 그 안은 푸딩처럼 생긴 커스타드 크림이 가득 들어가 있다. 누가 '에그egg' 아니랄까봐 처음 보면 그 모양이 영락없이 달걀노른자만 쏙 빼놓은 것처럼 생겼는데, 한 입 베어 먹어보면 텁텁한 달걀노른자가 아닌 달콤한 크림이라는 걸 알게 된다.

에그타르트를 만드는 방법은 이렇다. 먼저 에그타르트의 가장자리 빵, 크림을 품을 수 있는 얇고 납작한 그릇 역할을 해낼 빵을 만들어야 한다. 버터, 소금, 달걀을 준비하고 나서 버터를 녹인다. 액체 상태의 버터에 소금을 한 번 꼬집은 양 정도로 조금만 넣고, 달걀 1개를 넣어 잘 섞어서 크림처럼 만들어둔다. 여기에 슈가파우더(버터 2분의 1)와 채에 걸러서 고른 입자 상태인 박력분(버터의 2배 정도)을 넣어 반죽을 해준다. 반죽을 하다가 어느 정도 찰흙 정도의 느낌이다 싶으면 된 것이다. 이것을 냉장고에 넣어 40분 정도 숙성해두면 '파이 시트Pie Seat'라고 부르는 에그타르트 받침 반죽이 완성된다.

그 다음엔? 이제부턴 우유랑 설탕(우유의 약 1/3), 생크림(우유보다 조금 적게)을 넣어 잘 섞어주고, 달걀노른자만 넣어 다시 섞어준다. 파이 시트 안에 들어갈 커스타드 크림을 만드는 과정이다. 달걀노른자까지 넣어 잘 섞어줬다면 오븐을 데운 후, 이 상태에서 에그타르트용 빵틀을 준비, 빵틀 바닥에 설탕을 조금씩 뿌려준다. 그리고 반죽을 빵틀에 넣고 좌우로 꾹꾹 눌러주면서 빵틀에 맞게 모양을 내준 뒤, 만들어둔 생크림과 우유, 계란 섞인 것을 빵틀 안에 부어준다. 넘치지 않도록 가장자리 끝에 조금 여유분을 두는 게 포인트! 너무 꽉 채우면 오븐에서 굽다가 넘칠 수도 있고, 모양이 뚱뚱해지면 예쁘지 않기 때문이다. (남자들은 잘 모르겠지만 여자들은 먹는 것을 고를 때도 예쁘고 귀여운 것을 선호하는데 '뚱뚱한 에그타르트'라면 여자들의 선택 대상에 포함되지 않을 가능성이 높아진다.)

여기까지 잘 따라했다면 그 다음엔 기다리는 일뿐이다. 이제부터 약 20분만 지나면 그야말로 당신이 그토록 원하던 에그타르트가 완성된다.


"에그타르트?"

"페이스트리 빵에 달걀이 들어간 생크림을 넣은 디저트가 에그타르트야."

홍콩에 업무차 다니기 시작한 지 얼마 지나지 않았을 무렵의 일이다. 한국에서 아침 비행기를 타고 와서 업무만 보고 서둘러 밤 비행기를 타고 돌아가는 내가 측은하다며 기념품으로 '에그타르트'라도 사가라고 장만옥(가명)이 말했다.

"타르트Tart라는 게 커스타드 케이크잖아? 그 위에 토핑하는 재료에 따라서 초콜릿타르트, 블루베리타르트 등으로 부르는 건데, 달걀을 넣은 생크림을 얹었으니까 에그타르트라고 부르는 거야."

만옥이 건네는 포장꾸러미를 받아들었다. 그녀의 말을 빌리자면 이렇다.

에그타르트는 홍콩식과 마카오식이 있는데 홍콩스타일은 탄 부분 없이 깨끗한 모양새이고, 마카오식은 겉면이 조금 그을린 모양으로 만든다고 했다. 그게 불의 세기나 오븐의 온도 차이 때문이 아니라 커스타드 위에 설탕을 뿌리느냐 안 뿌리느냐의 차이인데, 마카오식은 설탕을 뿌려서 굽는 덕분에 겉면에 불에 그을린 것 같은 효과가 생긴다는 이야기였다.

"한국에서 예전에 모 드라마에 나왔다는데? 그때는 마카오식 에그타르트였나 봐. 홍콩에서 알게 된 한국 사람들이 에그타르트 이야기를 하도 꺼내는 통에 나도 알아봤거든."

에그타르트의 기원을 따지자면 200여 년 전으로 거슬러 올라간다. 포르투갈 리스본에 있는 어느 성당에서 수녀가 만든 게 시초라고 하는데 1837년경 이후부터 세상에 알려지게 되면서 유명해졌다는 이야기가 전해진다.

원래 이름은 에그타르트가 아니라 포르투갈어로 '파스텔 드 나타pastel de nata' 또는 '파스텔 드 벨렝Pastel de Belém'이라고 불렸는데, 그 의미는 '커스터드 크림이 들어간 타르트'라고 한다.

"파스테이스 드 나타pastéis de Nata가 같은 말이었구나?"

"어? 알고 있었어?"

"포루투갈 친구들에게 들었지. 처음엔 포루투갈어로 하도 '빠스테이스'라고 하길래 영어 단어 중에 페이스트리pastry인가 싶었거든. 고기 같은 재료를 넣어서 튀겨 먹는 파이 있잖아? 그런데 나중에 알고 보니까 타르트를 말하는 거더라."

"맞아. 홍콩에 에그타르트가 전해진 시기는 1940년경이야. 마카오에는 그보다 훨씬 앞서서 전해졌다고 해. 원래 처음엔 크게 만들었는데 간편하게 먹는 디저트가 되면서 크기가 작아진 거야. 난 에그타르트보다는 크림 브릴레Creme brulee가 더 좋아. 커스타드 크림 위에 설탕 굳힌 걸 깨트려 먹는 게 달콤하거든."

여자들의 이야기는 사실 자꾸 듣다 보면 남자들이 고개를 끄덕이게 되는 순간이 온다. 뭘 알아서가 아니라 잘 몰라도 그냥 빨리 넘어가고 싶은 마음 때문이다. 만옥이 점점 어려운 단어를 쓴다고 생각하게 된 순간, 나도 여느 남자들처럼 고개를 끄덕이기 시작했다.

"그리고 에그타르트 가게 앞에 왜 여자들이 줄을 서는지 알아?"

"으, 응?"

"방금 구워낸 상태로 따뜻할 때 먹어야만 부드러운 맛을 음미할 수 있어서야. 에그타르트가 식으면 너무 달거든. 그래서 에그타르트 가게 앞에 여자들이 줄을 서는 거야. 방금 구워낸 걸 먹어야 제맛을 볼 수 있거든."

"아, 아."

"그런데 요즘엔 에그타르트를 먹으러 갈 때도 잘 골라서 가야 해."

"왜?"

"사람들에게 많이 알려지고 인기를 얻다보니까 제대로 만드는 에그타르트 가게가 드물어. 어떤 가게에서는 가스토치로 겉면을 그을려서 얼룩지게 해서 파는 곳도 있다니까."

"이를테면 참치타다키 초밥을 만들 때 브랜디를 넣고 불을 붙여서 만드는 게 아니라 가스토치로 겉을 살짝 익히는 거랑 같다는 거지?"

"응, 맞아."

"여긴가? 다 왔네."

타이청빙가의 에그타르트는 우선 빵 모양이 일정하고, 그 안에 달걀을 그대로 얹어놓은 듯해서 달걀 노른자 그대로를 보는 착각을 불러일으킨다. 홍콩의 마지막 총독 '크리스 패튼'도 영국으로 돌아가고 난 후에도 그 맛을 잊지 못해서 주문했다는 전설까지 전해지지 않는가?

　MTR 센트럴 역 D2 출구로 나와서 미드레벨 에스컬레이터에서 소호 거리 방향으로 걸어왔다. 코크런Cochrane 스트리트에 자리 잡은 타이청빙가 앞에는 여전히 많은 사람들이, 특히 여성들이 줄을 서 있었다. 아침 8시 30분부터 저녁 7시 30분까지 영업한다지만 시간대를 구분해서 줄의 행렬이 짧고 긴 것은 아니었다. 운이 좋으면 조금 기다려 주문할 수 있지만, 평소 같으면 어느 정도 줄을 서야 하는 상황이었다.

　"가게 안을 볼까?"

　사람들과 함께 줄을 서서 가게 안을 봤다.

　중국의 명소가 된다는 건 오랜 역사를 바탕으로 시작되어야 한다는 건가? 타이청빙가를 만나게 되면 첫인상이 에그타르트 전문가게 그 이상의 정돈된 역사책 느낌이 난다. 사파이어블루 컬러라는 영어 명칭보다는 감녹색이라는 우리식 표현이 어울리는 곳, 달걀이 가득한 숲풀 속으로 들어가는 기분도 든다.

가게 앞에 항상 붐비는 관광객들, 사진 인파를 헤치고 들어가면 주문과 동시에 바로바로 구워져 나오는 달콤한 에그타르트 향이 가득하다.

'페이스트리 빵 안에 고이 담긴 달걀노른자, 아니 달걀 푸딩인가? 커스타드 크림인가? 맛있다!'

달걀노른자만 한 개 쏙 빼먹는 기분도 들고, 황금을 먹는 듯한 착각에 빠지기도 한다. 그렇게 에그타르트 이야기를 마칠 무렵, 나는 이날 타이청빙가의 역사 속에 서 있었다. 1954년부터 시작된 소호 거리에서 본점의 하루에 기록되는 중이었다.

## 1. 정통 방식을 유지한다.

시대가 변하면서 다양한 디저트 가게가 생기고 프랜차이즈 형태의 먹거리 가게들이 생겨났어도, 고유의 정통 방식과 맛을 그대로 유지하며 전통을 이어가는 중이다. 그 맛을 기억하는 사람들이 전통의 가치를 깨닫고 기억하게 되면서 입에서 입으로 소문이 전해지고, 생명력을 유지하게 되었다.

변하는 세상 속에서 변하지 않는 것 또한 차별화가 되고 특색이 된다. 세상이 변하니까 나도 변한다는 논리는 '지극히 당연한 것' 그 이상도 이하도 아니지만, '세상이 변하더라도 나는 변하지 않는다'고 하면 사정이 달라진다. 사람들은 '왜?'라는 의문을 갖게 되고 그들의 호기심과 궁금증을 갖고 가게에 온다. 그리고 '아! 역시!' 감탄하며 '이래서 변하지 않는구나!' 생각하며 되돌아간다. 가게가 말해준 게 아니라 손님들 스스로 느낀 결과다.

## 2. 사람들의 필요에 따라 크기를 줄였다.

맛은 변하지 않지만 크기는 변했다. 식사용으로도 가능했던 크기에서 점차 간식용으로, 들고 다니기 편리한 크기로 변화했다. 크기가 작아지자 사람들은 식사용도를 넘어 선물용으로, 간식용으로 소비를 이어갔다.

스마트폰 시대에도 가게가 살아남는 것 이상으로 발전을 이어갔다. 손님들이 가게에 와서 사진을 찍고 페이스북, 트위터, 블로그에 기록하기 시작했다. 가게에 방문했다는 사실을 남기는 것에 그치지 않고 시식후기를 올리고 친구들과 공유하게 되면서 가게 이름이 더 많이 알려졌다. 이 모든 게 에그타르트의 크기를 줄이면서 얻은 이익이다.

### 3. 그 자리에서 역사가 되었다.

에그타르트 아이템 하나만으로 수십여 년 역사를 이어오며 가게 문을 열었다. 홍콩에선 1940년대 이후로 사람들에게 알려지기 시작한 에그타르트지만 본격적으로 인기를 얻기 시작한 건 1990년 무렵이다. 기성세대와 다른, 나만의 것을 중시하는 X세대의 등장과 함께 신세대들이 좋아하는 디저트로 자리 잡은 결과다. 다시 시간이 흐르면서 2000년대를 지나 2010년이 지난 지금도 가게 문은 항상 열리고 손님들은 다시 줄을 서는 중이다. 타이 청빙가 가게는 단순한 에그타르트 가게가 아닌, 소호거리 그 자리에서 수십여 년을 지나오며 항시 만나는 랜드마크가 되었다.

# 05

# 거리에 랜드마크가 있다면
# 맛집의 랜드마크가 되어 보세요

:
:

SHOP. 홍콩 스타페리 선착장에서 반드시 들르는 곳, 후위라우산(許留山)


홍콩에서 내가 가장 좋아하는 건 길거리 간식 메뉴다. 몽콕旺角 지역에 들러 여러 꼬치 메뉴에 감탄한 기억도 있다. 홍콩 사람들과 함께 그들의 생활 속 깊이 빠져 보는 기분이랄까? 특히 남다른 차별화 전략으로 명물로 키운 돼지고기 고로케 가게, 전통 빵으로 승부하는 만가萬家燒餅皇는 어떤가?

홍콩을 비롯해 여러 매스컴에서 극찬하고 자주 소개된 곳이다. 이런저런 가게에 들러볼 생각을 하게 되니 홍콩에 거의 도착했다는 기장의 이야기도, 비행기 창문 밖 아래로 보이는 시가지 풍경도 너무 느리기만 하다.

"도착했네?"

홍콩 공항에 도착해서 수화물을 찾고 입국장을 빠져나온 시각을 보니 대략 오후 1시가 다 될 무렵이었다. 한국에서 아침 이른 시각에 비행기를 타고 3시간 30분 걸리는 홍콩까지 여정을 감안하면 20~30분 늦은 일정이었다.

나는 평소에도 수화물을 갖고 다니지 않고 작은 가방 하나 들고 다니는 편이라 평소와 같았으면 도착 승객들 중 제일 먼저 입국장 게이트로 나와야 했는데, 다른 때와 다르게 늦은 나를 윈디가 발견했다.

"기장이 그러더라. 오는데 비행기에 맞바람이 불어서 연착했다던데."

"맞바람?"

아뿔싸!

윈디가 장난스럽게 나를 쳐다보며 웃음을 짓는 걸 보고 깨달았다. 얼마 전 윈디랑 저녁을 먹으며 한류문화에 대해 이야기하던 중, 한국에서 사용하는 말 중에 커플 중 한쪽이 바람피우면 다른 상대도 이성을 만난다는 의미의 '맞바람'을 알려준 기억이 있었다.

윈디는 카트를 밀며 공항 주차장으로 향하는 내 옆에서 따라 걸으며 계속 종알거렸다. 그도 그럴 것이 '비행기가 맞바람을 피우다니' 이제 막 한국문화에 대해 관심을 갖기 시작한 한글 초보 윈디에겐 이해하기 어려운 단어였다. 그런데 윈디는 자기 이름도 영어 발음으로 '윈디Windy'라는 걸 눈치 못 채는 듯했다. 윈디가 자기 이름을 아무리 'Windey'라고 말해도 말이다.

첵랍콕 공항을 빠져 나온 후, 윈디는 주차장에 세워둔 차 앞으로 가서 트렁크를 열고 내 수트케이스를 집어넣었다. 그리고 운전석에 앉더니 여유롭게 시동을 걸었다. 홍콩에서 여자가 운전 못하면 사회 일 못한다고 말하는 신세대 커리어우먼, 윈디는 프랜차이즈 컨설팅 회사에서 근무하고 있는 홍콩인이다.

"뭐 먹을까?"

숙소에 짐을 풀고 약속 시간이 되어 대문 밖으로 나오는 나를 발견한 모양인지 윈디가 차 경적을 울렸다. 아까 나를 태우고 숙소로 데려다 준 윈디 차에 다시 올라탔다. 이번에도 나는 윈디 옆 자리, 조수석이다.

"나 지금 목이 말라. 센트럴 쪽으로 가는 길에 허유산 들러서 망고주스 먹자. 허유산 지금도 잘되고 있지?"

"허유산?"

"아, 후위라우샨許留山."

"한국에선 후위라우샨許留山을 허유산이라고 불러?"

"한자는 같은데 발음이 달라서 그래."

저녁 식사는 어디가 좋을지 물어보는 윈디에게 대뜸 허유산 이야기를 먼저 꺼냈다. 홍콩에 오면 가장 먼저 들르는 곳, 내가 좋아하는 망고주스 외에도 여러 가지 신선한 과일 주스를 즉석에서 갈아 마실 수 있는 곳이다.

"거기가 왜 없어지겠어? 홍콩 사람뿐 아니라 세계 사람들이 다 아는 곳이 되었는데."

잠시 한국에 다녀올 동안 홍콩에 명물 '허유산'이 없어지진 않았는지 물어보는 나에게 윈디가 퉁명스럽게 대꾸한다. 윈디와 내가 탄 차는 뉴테러토리를 건너 침사추이 방면으로 달리기 시작했다.

"저쪽이다. 스타페리 선착장 방면."

"근데 허유산은 도대체 왜 인기인 거야?"

윈디가 운전하며 앞을 본 상태로 말했다. 홍콩에서 태어나 홍콩에서 살면서 허유산의 인기를 실감하고 모르는 바가 아니지만, 날이 갈수록 많은 사람들이 허유산을 찾는 이유를 쉽게 이해하지 못하겠다는 표정이었다.

"망고가 좋잖아? 망고 푸딩도 망고가 많아서 좋고, 다른 과일이랑 섞은 망고 콤보도 인기잖아? 홍콩처럼 더운 곳에선 시원한 망고주스 한 개 들고 다니면서 이것저것 구경하기에도 좋아. 달고 시원하고 망고도 먹고. 가격이 뭐 그렇게 크게 비싼 것도 아니고. 사실 허유산은 홍콩 시내 여기저기 많잖아? 하지만 내가 여기 스타페리점에 오는 이유는 한 가지야. 스타페리(홍콩의 빅토리아 하버에서 운항되는 페리)를 처음 탔을 때 먹었던 게 허유산 망고주스였거든. 그때 그 추억을 다시 느끼고 싶어서 오는 이유가 가장 크지."

사진ⓒ우유수

"추억 때문에 허유산에 온다고?"

"추억도 있지. 사실 홍콩에 오는 외국인들은 대부분 여행을 오는 거잖아? 그런데 공항에 내려서 MTR을 타고 시내에 도착해서 꼭 가는 곳이 여기 침사추이 지역 하고, 저기 바다 건너 코우롱 지역이야. 저쪽은 무역과 금융을 하는 곳이고, 여긴 명품을 사고 쇼핑하는 곳이랄까? 하여튼 홍콩에 오면 어딜 가든 외국인들이 느끼는 공통된 게 하나 있어."

"그게 뭔데?"

차가 멈춰 신호를 기다리는 동안 윈디가 물었다.

"더워. 홍콩은 진짜 더워. 여름에 오면 섭씨 40도는 되지? 겨울인 1월에 와도 20도는 오르락내리락하잖아? 홍콩에서 태풍이랑 비는 많이 겪어도 눈 내리는 건 보기 힘들 거야. 그렇지?"

"눈? 스노우? 나 여기서 30년 가까이 살지만 홍콩에서 눈을 본 적이 없어. 여름에 태풍이 오긴 자주 오는데 1급부터 10급까지 등급을 매겨. 등급이 높을수록 바람도 세고 비도 많이 오는데, 그럴 때는 외출하기도 좀 그래."

"그래도 홍콩에서 걸어다니긴 편하지? 건물 사이사이에 지붕 달린 육교를 만들어 놔서 비가 내리더라도 안 맞고 다닐 수 있잖아. 허유산에서는 가게 안에서 먹으면 2~3달러 더 비싸잖아. 테이크아웃해서 들고 다녀도 좋다는 게 장점이야."

"근데 더운 거랑 허유산이 인기인 거랑 무슨 상관이래?"

윈디가 잠시 멈추었던 차를 다시 출발시키며 말을 이어갔다.

"허유산에서 먹는 망고주스는 그냥 글자 그 모습 그대로 홍콩을 상징하는 게 있어. 망고 색깔이 그렇고, 망고랑 섞어 먹는 알로에나 코코넛, 키위를 보면 홍콩의 대표색이거든. 초록색, 노란색, 투명한 색, 검정색. 홍콩에 와서 밤거리를 걸어본 사람이라면 알 거야. 홍콩의 밤거리에도 가장 잘 어울리는 게 허유산의 망고주스란 걸 말이야."

"그래? 이거 어째 알 듯 모를 듯하네."

윈디는 전방에 침사추이 도로 쪽 진입로가 보이자 속도를 늦추며 운전대를 살짝 왼쪽으로 틀었다. 홍콩의 운전석과 도로 방향은 한국과 반대이기 때문에 차를 세울 수 있는 곳도 달랐다.

"아까 얘기한 거, 홍콩에 오는 사람들은 대부분 외국인이잖아? 그것도 여름엔 여자들이 정말 많이 오지. 뭐 하러 오겠어?"

"쇼핑?"

"응. 허유산은 그런 점에서 홍콩을 대표하는 음료이기도 하고, 망고주스 자체가 외국인들, 특히 여성 관광객들이 쇼핑할 때 더위를 식히면서 들고 마시기에 가장 알맞은 음료야. 알로에나 코코넛, 키위, 망고를 봐. 과일 구성 자체도 여성들에게 어울리는 것들이야. 색도 모양도 그렇고 맛도 좋고 컵에 담긴 모양도 예쁘고. 허유산이 유명한 게 아니라, 망고주스가 홍콩을 찾는 외국인 여성들에게 인기를 얻기 시작하면서 허유산이 덩달아 유명해진 거지. 망고주스를 파는 데니까."

원디가 고개를 끄덕였다.

사실이었다. 그리고 우리가 타고 있는 차 유리창에 드러난 홍콩의 밤거리
가 그랬다. 홍콩에 오는 사람이라면 낮이나 밤이나 망고주스를 떠올리게 될
게 분명했다. 노란색, 투명한 색, 초록색, 검정색. 망고주스 안에는 홍콩의 컬
러가 담겨 있었다.

"거의 도착했지? 저쪽 버스정류장으로 가면 되는데 주차장은... 음, 하버
시티 안에 두고 가야겠어. 스타페리 타러 가는 사람들이랑 버스 승객들, 택
시 타고 오가는 사람들이 많아서 저기 한 번 들어가면 빠져나오기 힘들어.
알잖아?"

"그럼, 알지. 밖에 사람들 좀 봐. 그리고 홍콩색 보이지? 허유산이 있는
곳들을 잘 살펴보면 내 말이 이해가 될 거야."

"맞아. 허유산 가게는 카메론 로드, 스타하우스, 카나본 로드, 하버시티
등 관광객들이 많은 지역이라면 어김없이 있어. 몽콕에도 있고. 홍콩뿐 아
니라 중국이랑 마카오, 말레이시아에도 있다던데?"

차 방향을 따라 홍콩 시내 전경이 눈에 들어왔다.

"허유산 가게의 전략도 좋아. 가게 안에서 먹는 손님들에겐 자릿
세랄까, 메뉴 가격을 조금 더 받아. 이건 그러니까 되도록 들고 다
니면서 먹으란 건데, 사람들이 허유산에서 산 망고주스를 들고 다

닐수록 홍콩 사람이나 외국인들에게 허유산이 알려지게 되는 거
잖아? 가게 안에 들어오지 말고 밖을 걸어다니면서 홍보도 해달라
는 거지. 가게 안에서 먹는 사람들에게 더 받는 2~3달러 가격이란
게 거리에서 허유산을 홍보해주는 사람들을 위한 할인서비스 개념
인 셈도 돼."

"윈디는 뭐 먹을래? 망고키위? 망고주스?"

윈디가 차를 잠시 멈춘 뒤 내가 차에서 내리며 물었다.

주차장까지 들어가는 대신 내가 잠시 뛰어 허유산에 다녀와도 괜찮았
다. 윈디는 망고주스를 시켰다.

사진ⓒ우유수

64

A1이었다. 그럼 나는 A4를 먹어보기로 했다. 허유산은 이처럼 메뉴판에도 장점이 있었다. 외국인이나 홍콩 사람 누가 오더라도 허유산에서는 커다란 메뉴 사진과 함께 그 옆에 짙은 알파벳으로 표기된 암호(?)만 외우면 될 뿐이었다. 암호라고 보기엔 그저 주문하기 편하도록 정한 호칭일 뿐이지만 말이다. 각 암호 메뉴 안에 들어가는 과일 이름은 영어로 적어뒀는데 알로에 Aloe, 키위 Kiwi, 망고 Mango, 코코넛 coconut 정도였다. 이 정도 단어를 모르는 사람이 있을까?

가격은 개당 35~40H$(홍콩달러) 정도다. 한국 원화 100원당 홍콩 달러 153원 정도인 환율을 감안하면 5,350원에서 6,114원 정도인 셈이다. 한국에서 1.5리터 페트병에 든 망고주스는 3,000원 정도지만, 홍콩 허유산에서 파는 망고주스에 비할 바가 아니다. 허유산에서 망고주스는 진짜 망고 알갱이가 엄청 많이 들어간다.

망고 한 개에 가격이 얼마냐고? 그건 파는 곳마다 다르고 국내산인지 필리핀산인지 등에 따라 다르지만, 국내에서 판매하는 망고 한 개 가격 평균은 3,000원 정도다. 망고 한 개를 그대로 썰어 넣은 듯 보이는 허유산에 망고주스 한 컵 가격이 5,000~6,000원이라고 해도 아깝지 않은 이유다.

물론, 홍콩 시내에서도 얼마든지 망고를 사서 먹을 수도 있지만 그건 허유산의 망고주스를 먹는 것과 개념 자체가 다르다. 더운 홍콩에서 얼음과

키위, 달콤한 향이 어우러진 허유산 망고주스를 예쁜 컵에 들고 다니며 맛있게 즐기면서 쇼핑을 누릴 것인지, 아니면 망고 과일 한 개를 사서 우걱우걱 씹어 먹으며 다닐 것인지의 차이다.

특히 스타페리점 허유산이 좋은 점은 바로 옆에 스타페리 선착장이 있어서 구룡반도 센트럴Central 쪽으로 저렴한 가격에 이동할 수 있다는 점이다. 선착장 옆에는 버스정류장이 있어서 홍콩 각 처로 이동할 수 있으며, 조금만 더 걸으면 바로 옆에 택시정류장도 있다.

선착장에 들어서면 스타페리를 탈 때 1층에 탈 것인지, 2층에 탈 것인지에 따라서 이동 통로가 다르기 때문에 잘 살펴보게 되는데, 그리고 행선지별로 선착장을 찾아가는 길이 다르므로 목적지가 어딘지도 살펴보고 확인하는 게 중요하다. 요금은 어른 1인당 2.5H$다.

선착장 입구 옆에 세워진 티켓 자동판매기에 동전을 넣고 성인, 사람 수를 누르면 동전 모양의 초록색 플라스틱이 나온다. 이걸 선착장 입구에 세워진 지하철 표 개찰구처럼 생긴 기계에 넣고 앞으로 지나가면 입장할 수 있다.

침사추이에 있는 하버시티에 연결된 스타페리 선착장에서 홍콩섬과 구룡반도를 오가는 많은 홍콩 사람들과 관광객들이 배를 이용하는데, 5분 여남짓 되는 동안 이국적인 풍경에 흠뻑 빠질 수도 있다.

그리고 망고주스. 허유산의 망고주스가 인기 있는 이유 또 한 가지가 있다. 침사이추이처럼 쇼핑몰이 꽉 들어선 지역은 식당을 찾기가 쉽지 않다. 관광지이고 명품 매장이 많은 곳이라서 사람들이 몰리므로 식당도 많을 것이라고 생각하면 큰일이다.

침사추이에는 마르코폴로 홍콩호텔 주변에 서너 곳, 하버시티 2층 위에 각 층마다 많지 않은 식당이 몇 곳 있을 뿐이다. 물론 가격이 비싸다. 당신이라면 어떻게 할 것인가? 홍콩섬에 있는 침사추이에서 바다를 바라보며 멋진 식사와 와인을 마실 수는 있지만, 홍콩에 처음 온 여행자가 식당을 찾기는 어려우므로 쇼핑하기 전에 식사를 든든히 해두거나 간단한 요깃거리를 가방

속에 챙겨서 떠나려고 할 게 분명하다.

그런데 막상 홍콩에 도착해서 눈앞에 펼쳐진 쇼핑의 천국 면모를 보게 되다면? 일단은 무조건 쇼핑을 하고 싶어진다. 단 몇 초라고 아깝다고 여기게 되고 거리 곳곳에서 당신의 눈을 유혹하는 쇼핑몰들과 인사를 나누느라 지치는 줄도 모르고 다니게 된다. 그러다가 어느 순간 갑자기 느끼게 되는 피로감이 몰려올 때 그곳에 허유산이 보이게 된다. 바쁜 일정을 몰아온 이번 홍콩 여행에도 어김없이 그 시작은 '망고주스' 였다.

후위라우샨(許留山)의
성공비결

### 1. 가게 평수는 넓은 편이 아니다.

망고주스 외에도 간단한 요깃거리를 할 수 있는 건 여느 패스트푸드점과 크게 다르지 않다. 하지만 후위라우샨의 1등 효자상품은 뭐니 뭐니 해도 망고주스다. 가게들마다 도로 쪽에 창구를 열어두고 주문을 받는다. 창구 바로 옆엔 커다란 메뉴판을 따로 인쇄해서 붙여두고 거리에서도 손님들이 메뉴를 보고 바로 주문할 수 있도록 만들어 놨다. 가게가 좁더라도 가게 안에는 항상 넉넉한 좌석이 있는 이유다.

### 2. 외국인 관광객들과 거리에 사람들에게 파는 메뉴란 점을 분명히 했다.

홍콩의 대표적 컬러를 그대로 담은 망고를 주요 재료로 하고 코코넛과 키위, 알로에라는 세계 공통 과일을 넣어서 어느 누가 오더라도 부담 없이 먹을 수 있게 했다. 키위나 코코넛, 알로에, 망고는 세계 어느 누구에게나 거부감이 없는 과일들이다.

### 3. 후위라우샨 가게는 주로 관광지, 쇼핑몰 지역에 자리 잡았다.

눈 구경에 바쁜 사람들이 목말라할 때쯤, 다리가 아프더라도 우선 목부터 축이면서 쇼핑을 더 하고 싶은 곳에 자리 잡고 있다. 가게 안에 들어와서 쉬려는 사람들보다는 밖에서 돌아다니고 싶은 사람들이 많은 지역이다. 그래서 매출이 높지만 가게 임대 등에 필요한 고정 경비 부담이 상대적으로 적은 편이다.

### 4. 후위라우샨의 망고주스는 남자보다 여자들에게 더 매력적인 메뉴다.

알로에, 키위, 코코넛이 여자들이 더 선호하는 재료인 이유도 있다. 거리 곳곳에서 쇼핑을 하다가 마주치는 여성들이 서로에게 느끼게 되는 질투의 시선 사이에 망고주스가 놓이게 한 점이 탁월하다. '저 여자에겐 있고 나에겐 없는 것' 중 하나가 망고주스가 되게 만든 탁월한 전략이다.

# 06

# 지금 그 자리를 오래 지키기만 해도
# 역사가 됩니다

∶

SHOP. 140년 넘게 지켜 오는 역사가 된 맛, 린흥쿠이(蓮香居)

"사진 보면 뭘 해? 맛도 모르는데, 그냥 알아서 좋은 거 시켜줘."

"그래도 좋아하는 맛이라든가, 먹고 싶은 메뉴라든가 뭐 그런 거 있잖아. 메뉴 보면 영어로 재료랑 이름 설명해놨으니까 사진도 보고 설명도 보고 맘에 드는 걸 시켜야지."

"아냐, 그래도 몰라. 그냥 괜찮은 거 시켜줘."

"뭐 먹을 건데?"

"아무거나."

기분 좋은 마음으로 식사를 하러 온 사이에서도 잠깐의 어색한 침묵이 흐른다. 마음에 드는 메뉴를 고르라는 사람과 괜찮다며 아무거나 시켜달라는 상대방 사이는 예의 바른 듯하지만 뭔가 결정하기 쉽지 않은 순간이다. 뭘 먹어야 하는 건지, 뭘 주문해야 할지 쉽게 결정하기 어려운 상황, 사람들은 이 경우 '차라리 뷔페나 갈 걸' 후회하곤 한다.

"여기 마음에 안 들어? 다른 식당에 갈까?"

이 얘기를 듣고 자리에서 일어나면 그나마 다행이다. 상대방은 최소한 이 식당에선 먹을 게 없었다고 생각하던 중이란 게 된다.

"아냐, 아냐. 다른 데 가봤자 또 그래. 여기서 먹자. 여기 괜찮은데 뭘. 그러지 말고 여기서 괜찮은 메뉴 하나 시켜 줘. 아무거나."

꼭 빼놓지 않는 말.

아. 무. 거. 나.

이쯤 되면 두 사람 사이에선 한숨도 쉽게 나오고, 다른 사람들은 여기서 뭘 주문해서 먹는지 주위를 두리번거리게 된다. 상대방 얘기대로 진짜 아무거나 시켰다가 입맛에 안 맞는 걸 먹게 되면 낭패다. 둘 사이가 비즈니스 관계라면 더 어색해진다. 한쪽은 상대방 배려를 못하는 사람이 되고, 상대방은 모처럼 유명하다는 식당에 갔는데 이도저도 아닌 그저 그런 음식만 먹었다고 생각한다.

주문을 받으려고 기다리던 점원들도 답답하긴 마찬가지다. 뭘 주문해야 빨리 주방에 전달해서 음식을 만들 텐데 손님들이 가게에 들어온 지 몇 분이나 지났는 데도 주문을 못하는 상황이다. 점원은 테이블 위에 물을 갖다

두고 다른 일을 보러 가버린 뒤다. 점원들은 이런 상황에 익숙하기 때문이다. 앞으로도 얼마의 시간이 흐른 뒤에 드디어 테이블 벨이 울리면 다가가서 물어보면 될 일이다. "정하셨어요?"라고 말이다.

이럴 땐 린훙쿠이가 딱이다. 처음엔 지인의 소개를 받아 들른 곳인데 이제는 내가 지인들을 초대하는 곳이 된 가게다. 이 가게는 '카트 메뉴'가 유명하다. 도대체 뭘 파는 곳이기에 '카트'가 등장할까? 설명하자면 이렇다.


–메뉴판을 보기 싫다?

–점원의 추천 메뉴가 믿기 어렵다?

–메뉴판을 봐도 뭘 먹을지 고르기 어렵고 설명도 난해하고 어렵다?


이럴 때 들르는 가게다. '연꽃의 향기가 머무는 장소'라는 의미인가? 린훙쿠이는 홍콩 성완 센트럴 지역 드 보예 거리에 있다. 가게 안으로 들어가 보자. 깔끔한 분위기에 다소 고풍스러운 중국식 계단을 올라가면 2층에 그 본모습을 드러내는 공간이 펼쳐진다. 가게 안이 좁진 않지만 밀려드는 손님들 덕분에 합석은 기본이다. 고급 식당에서 자리를 안내받아가며 먹는 곳이 아니다. 빈자리를 찾아 앉아서 주위에 오가는 카트를 세우고 그 위에 놓인 요리를 골라 식사하는 곳이다.

'여기에 국내 모 프로그램 제작진에서 다녀갔다지?'

토리 테이블을 중심으로 고급 소파는 아니지만 등받이가 있는 의자에 서너 명이 둘러앉으면 가게가 가득 찬 느낌이 든다. 손님들은 신문도 보고 스마트폰도 만지작거리고 있다. 의자를 보아하니 앉는 부분이 길어서 식사를 하고 배를 쑥 내밀어 등을 기대도 편안할 듯 보인다. 식사 때가 다가와서일까, 사람들이 들어오고 나가면서 식당 안이 웅성거린다. 곳곳에 보였던 빈 테이블도 이젠 어느새 자리가 없어졌다.

'뭘 먹을까?'

창가 쪽 자리를 보면 분명 저기에도 이 가게의 메뉴 사진이 붙어 있긴 하다. 그러나 창가를 바라보고 주문하는 사람들은 없다.

자리에 앉으면 점원이 차tea가 담긴 대접을 가져다준다. 그릇에는 옅은 녹색물이 담겨져 있는데 이것을 마시면 안 된다. 중국, 특히 광동성 지역처럼 더운 지역 홍콩에선 음식점에 가면 대부분 그릇과 수저, 손을 씻는 차를 먼저 내온다. 날씨가 습하고 더우니 손님이 직접 그릇을 씻어 청결하게 식사하라는 의미다. 그렇게 손님이 차가 담긴 큰 그릇에 수저랑 컵을 요령껏 씻으면 그 다음에 마실 수 있는 차를 내준다. 씻은 컵으로 차를 따라 마시면 된다.

참고로, 컵을 먼저 씻을 때도 사람들마다 기술이 다르다. 일반적인 방법은 컵을 뉘어서 수저를 이용, 차를 담아 뿌리듯 컵 안쪽까지 골고루 찻물이 닿도록 해주는 것이다. 일부 눈치 빠른 사람은 다른 중국인들이 그릇을 씻는 모습을 보고 따라 하기도 하는데 굳이 능숙하게 보일 필요는 없다. 자기가 원하는 방식대로 씻으면 된다.

'자, 이제 그릇은 씻었고, 딤섬을 먹어볼까나?'

기다리면 테이블 사이사이를 지나가는 카트가 등장한다. 국내에서도 큰 식당에 가면 손님이 주문한 음식을 싣고 다니는 카트가 있긴 하지만 이 카트는 용도가 다르다. 그렇다고 그릇을 치우는 카트도 아니다. 내가 앉은 테이블 옆으로 카트가 지나가는 걸 보고 세웠다. 그리고 그 위에 놓인 딤섬통들을 하나씩 열어보며 안에 뭐가 들었는지 살폈다.

'요건 지난번에 먹어봤고 오늘은 이걸로 먹어볼까?'

맞다. 이 카트는 딤섬 카트다. 점원이 카트를 밀고 손님들 사이사이를 다니며 손님들에게 딤섬을 보여준다. 손님들은 메뉴판을 볼 필요도 없고 점원에게 뭘 만들어달라고 주문할 필요도 없다. 그저 카트 위에 놓인 딤섬 중에서 입맛 당기는 걸 보고 직접 고르면 된다. 이 카트가 특별한 이유다.

제법 그 안에 열기까지 품었다. 카트 위에 놓인 딤섬 메뉴를 먹기 좋은 상태로 유지해주기 위함이다. 손님들은 카트가 지나갈 때 뚜껑을 열어보고 자기가 먹을 걸 들어서 테이블에 놓으면 된다.

그러면 카트를 밀고 온 점원이 손님 테이블 유리판 덮개 아래에 끼워둔 주문지에 표시를 해준다.

'카트 안에 먹을 게 없어. 그럼 어쩌지?'

손님들이 카트 위에 놓인 딤섬 중에서 먹을 게 없으면 또 다른 딤섬을 가져다 주기도 한다. 아니면 손님이 가게 안에 다른 카트로 가서 또 살펴보면 된다. 가게 안에선 카트가 여러 대 돌아다닌다. 그 위에는 다양한 딤섬이 있으므로 손님이 각자 먹을 걸 골라서 가져오면 된다.

카트가 내게 다가오길 기다리는 건 아니다. 내 자리 테이블까지 모든 카트가 지나가는 건 아니니까. 내가 앉은 테이블과 떨어진 카트가 있다면 그쪽으로 가서 뚜껑을 열어보고 골라서 가져오면 된다.

"주문표 체크해주세요!"

난 여기 꽤 여러 번 왔다. 그래서 점원이 뭘 해야 하는지, 내가 딤섬을 고르면 그 다음 해야 할 일이 뭔지 안다. 점원에게 주문표를 건넸다. 주문표 아래에는 경고문구가 적혀 있는데 '손님이 체크하지 말라'는 내용이다. 테이블 번호와 차를 마신 사람 수(손님 수), 돈을 받은 점원을 표기하게 되어 있다.

'이 가게 처음 왔을 때는 이 주문표만 보고 이게 무슨 메뉴판인지 뭔지 헷갈렸는데…….'

이 주문표에는 손님이 고른 딤섬의 가격과 개수가 기록된다. 작은 요리, 중간 요리, 대형 요리, 특별 요리, 주문 요리 등을 표시하게 되어 있고, 주문표에 기재된 숫자는 손님들이 주문한 메뉴 가짓수다. 대형 요리 3개를 주문하면 대형요리 칸 3개에 점원이 도장을 찍어주는 식이다. 이때 도장엔 29 또는 34 등처럼 그 메뉴의 가격이 적혀 있어서 나중에 주문표에 찍힌 도장 안에 숫자를 모두 더하면 손님이 결제해야 할 음식값이 된다.

원디를 만나면 항상 '린홍쿠이'를 자랑하곤 했다. 내가 골라먹는 딤섬 메뉴에 푹 빠졌다는 일종의 자랑이었다. 나도 이만 하면 홍콩 사람 아니냐는 얘기이기도 했다. 그러자 원디가 내게 물었다.

"린홍라우蓮香樓엔 가봤어?"

"거긴 어딘데?"

"린홍쿠이 안다고 했지? 거기 본점인 셈이야. 성완 지역에 웰링턴 스트리트 160번지에 있는데 거기에도 가 봐. 아침 6시부터 밤 11시까지 영업할 거야. 아침식사는 린홍라우가 좋지. 난 홍콩에서 어렸을 때부터 거기 다녔어. 부모님이랑 같이."

린홍라우.

원디가 알려준 이 가게는 '린홍 티 하우스'라는 이름으로 더 많이 알려진 곳이다. 하지만 나 역시 린홍쿠이를 알면서도 린홍라우를 몰랐던 것처럼, 그곳은 외국인들이나 관광객보다는 홍콩 현지 사람들이 주로 찾는 유명한 곳이었다. 그 기원도 1889년에 중국 광동성에서 처음 문을 연 이래로 1918년에 홍콩으로 진출한 가게라고 했다.

"린홍쿠이에서 딤섬 카트 먹어봤다고 했지? 린홍라우에서도 낮 시간대에 가면 딤섬 카트가 나올 거야. 주문하고 먹는 방식은 똑같아."

린훙쿠이에 들렀다가 윈디의 소개를 듣고 린훙라우에 다녀왔다. 1889년에 문을 연 가게라면 2015년 기준으로 126년이나 된 역사가 흐르는 가게 아닌가? 윈디의 목소리는 내게 100년을 넘도록 문을 연 가게의 역사를 느껴보라는 안내판이기도 했다. 나는 이따금 그곳에 갈 때면 항상 누군가와 동행을 한다. 역사는 함께 만들어가는 것이니까.

## 1. 음식을 보여주고 주문하게 하다.

주문표는 없고, 계산서가 있다. 음식은 미리 만들었지만 맛있는 상태로 유지된 음식을 손님에게 보여주고 현장에서 주문을 받아 계산서에 기재한다. 따라서 주문표가 따로 필요 없다. 음식이 메뉴판이 되고 손님이 음식을 고르면 바로 계산서에 가격을 표시하는 식이다. 손님은 손님대로 음식을 직접 보고 고를 수 있어서 편하고, 가게 입장에선 주문받는 과정을 건너뛸 수 있으므로 시간 절약도 되고 음식 제공 과정이 간편해진다.

## 2. 손님의 눈으로 직접 보고 바로 식사하게 하다.

음식을 눈앞에서 보고 고른 손님에겐 '맛없다'는 평가가 나올 수 없다. 메뉴판을 보고 주문하면 사진과 음식이 다르다고 불평할 수 있다. 기대에 비해 '맛없다'라는 불만도 생길 수 있다. 하지만 손님이 직접 보고 고른 음식이라면 이야기가 달라진다. 음식 맛에 대해 불평불만을 하지 않는다. 직접 보고 골랐기 때문이다.

음식은 온기로 데워주는 특별한 카트 안에 놓여 제공된다. 손님이 언제 고르더라도 방금 만든 따뜻한 음식이 된다. 방금 만든 음식을 자기 테이블 위에 올려두고 먹는 기분은 자기가 요리해서 먹는 것 이상의 즐거움을 준다. 주방에서 손님 테이블로 오기까지 음식의 온기가 중간에 사라질 위험도 없다. 음식이 항상 맛있는 상태가 유지되는 이유다.

### 3. 없는 음식은 주문 받아서 만든다.

같은 음식을 여러 번 먹어도 된다. 하지만 준비한 음식에 손님이 원하는 게 없다면? 손님이 주문한 대로 만들어서 제공하는 가게다. 카트 안에는 가게에서 준비해둔 딤섬들이 미리 준비되어 있다. 하지만 손님이 뭔가 특별한 딤섬을 원하거나, 특별한 날에 걸맞은 요리를 주문할 땐 가게는 손님이 주문하는 음식을 만들어 제공한다.

가격은 시가다. 재료값이 시기별로 다르고 음식을 만드는데 필요한 재료와 시간이 각기 다르기 때문이다. 그래서 손님이 특별 주문한 메뉴는 가격이 다르게 책정된다. 가게 입장에선 매출이 더 늘어나는 부분이고, 손님 입장에선 자기 입맛에 맞춘 자기만의 음식을 먹을 수 있어서 좋다.

# 07

# 대표 메뉴, 대표 가격만 고집해도 되냐고요? 그래도 특색이 됩니다

∴
∴

SHOP. 국물은 한 가지, 그래도 맛은 손님 맘대로, 싱흥유엔(勝香園)

"이건 한국에서만 맛볼 수 있는 음식이야!"

"일본엔 없어?"

"없어. 많이 알아봤는데 찾을 수 없었어. 나 이번 서울 출장엔 이거 먹으러 왔다니까. 일본에 있는데도 이 맛이 잊히질 않는 거야. 나 이거 사업 할까?"

서울 종로에 위치한 불판낙지 전문점에 들른 일본인 사업가 하토리가 말했다.

그는 무교동낙지 스타일의 매운 양념에 푹 빠진 상태였다. 일전에 서울에서 저녁 식사를 하러 들른 가게였는데 처음 맛본 그 맛을 잊을 수 없었던 모양이었다. 이번 서울 출장에선 아예 공항에서부터 사무실 대신 낙지식당으로 직행했다.

"양념 하나에 빠져서 장사까지 생각하다니? 대단한데?"

"이 맛이 보통 맛이 아니라니깐. 나 지금 진지해. 일본에 낙지도 있고 다른 재료는 다 있는데 이 양념이 없어. 비슷하게 따라하려고 해도 이 맛이 나질 않을 거야. 그래서 말인데."

"응?"

"내가 일본에 여기 같은 낙지 전문요리점을 낼 테니까 이 양념 좀 나한테 수출해줄래? 그러면 진짜 사업 대박날 거야. 어때?"

하토리의 이야기는 그 표정부터 진지했다.

"하던 패션 사업은 어쩌고? 겸업하려고? 그것도 낙지요리전문점을?"

사실 낙지요리 그것도 불판낙지요리란 한국인 입장에서는 그 양념이 특별할 게 없는 메뉴이기도 했다. 국산 고춧가루에 고추장, 갖은 양념을 넣고 낙지와 함께 불판에서 볶으면 되는 간단한 일이었다. 그런데 그런 일련의 과정이 한국인이 아닌 일본인 입장에선 완전 새로운 놀라운 메뉴였던 셈이다. 하토리는 도대체 왜 매운맛에 빠졌던 걸까?

이렇게 한국에서만 맛볼 수 있는 아이템, 한국에서만 맛을 제대로 경험할 수 있는 음식이 있다면? 성공 가능성이 더 높을 게 분명했다.

'홍콩에도 국물 하나로 성공한 가게가 있지.'

이른 아침부터 숙소를 나서 걸음을 옮기던 중 문득 하토리에 대한 기억이 떠올랐다.

지금은 홍콩에서만 맛볼 수 있는 '국물' 하나로 승부수를 띄운 가게를 가는 길이다. MTR 성완 역에 내려서 E2 출구로 나섰다. 신세기 광장을 지나니 웰링턴 스트리트에 도착, 이 안에서 고프Gough 스트리트를 찾아 들어가면 싱흥유엔(사실 이곳은 쌩홍윤, 싱흥유엔 등 부르는 사람들마다 달라서 정확한 발음을 적기가 까다로운데, 홍콩관광청에서 발간하는 맛집 소개 책자엔 '싱흥유엔'으로 표기되어 있다.)을 만날 수 있다.

'안젤리나 졸리도 여기 와서 골동품을 구경했다지?'

홍콩 속의 작은 유럽이라고 부를 수 있다. 고프 스트리트에는 영국 스타일의 부티크와 크고 작은 유럽 스타일의 레스토랑이 가득하다. 그리고 얼마 지나지 않아 골목 초입부터 늘어선 사람들 행렬이 보였다.

'아, 여기가 거기구나!' 싶었다.

그러나 제대로 찾아왔다는 기쁨도 잠시, 도대체 얼마나 기다려야 하는 거야? 걱정이 앞서게 만든다. 아침부터 국물을 먹으러 온 사람들이 이렇게 많다니, 조금 더 일찍 출발할 걸 후회가 든다.

'설마, 이렇게 아침부터 사람들이 오겠어?'

방심한 게 불찰이다. 사람들 뒤로 이어 줄을 섰다.

'싱흥유엔'을 찾아가는 길은 어렵지 않으나 가게에 도착해서도 자리를 잡고 테이블에 앉기란 생각만큼 쉬운 게 아니다. 특히 오늘처럼 아침부터 다소 후덥지근한 홍콩 날씨 속에선 더욱 그렇다.

'아침부터 진짜 후덥지근하네. 선풍기 앞자리가 났으면 좋겠는데.'

싱흥유엔 가게 앞에 줄을 서 있자니 바로 골목 앞쪽으로 '카우키'가 보였다.

'차라리 저기로 갈까? 카우키도 국물이라면 최고잖아?'

하지만 섣불리 자리를 뜰 생각은 못했다. 카우키에 가도 사람들 줄이 상상을 초월하는 곳일 테니, 일단 싱흥유엔부터 맛을 보자며 급한 가슴을 다독일 수밖에 없다.

아침 8시에 문을 연다는 걸 알았기에 시간을 맞춰 온 게 그나마 다행이었다. 나보다 일찍 싱흥유엔에 온 손님들은 보나마나 직장인들 같았다. 출근은 9시까지, 아침식사 겸 들른 사람들로 보였다. 금방 자리에서 일어날 거라는 생각이 들었다. 오래 기다리지 않아도 된다는 얘기다. 마음이 조금 더 느긋해졌다.

'여긴 언제 와도 그대로네.'

싱흥유엔은 가게가 없다. 아니, 천장만 있다. 도로변 골목 통로로 사용되는 장소에 천장을 만들고 테이블과 의자를 갖춰 놓고 장사하는 곳이다. 한국에선 이런 가게를 포장마차 혹은 노점이라고 부른다. 싱흥유엔은 홍콩식 포장마차인 셈이다.

'노점이라니? 거리에서 장사를 한다고?'

맞다. 가게 안을 가로지르는 골목으로 사람들이 왕래한다. 따로 벽을 만들고 공간을 만든 게 아니라서 지나다니는 사람들이 가게 안을 지나가는 것도 늘 있는 일이다. 도로변 골목을 차지하고 하늘을 가린 천장을 만든 게 전부라서다. 이 정도면 진짜 홍콩에서만 맛보는 음식이 나올 듯싶다. 진짜 홍콩 사람들이 먹는 음식!

가게 구경을 마친 후에는 다시 가게 안쪽으로 시선을 돌렸다. 길가에 줄을 서서 가게 안에 어느 테이블이라도 자리가 나기만을 기다리며, 너무 오래 기다리지 않으면 좋겠다는 생각이 들 무렵이었다.

'아, 내 차례다.'

드디어 맛을 볼 시간, 가게 안에 빈 좌석이 생긴 걸 보는 순간 재빨리 가서 앉았다. 여기선 손님들이 자리가 나는 대로 앉는 게 우선이고 합석이 기본이다. 좁은 공간에서 맛있는 음식을 순서대로 먹는 방법이기도 했다. 나름의 질서였다.

홍콩에서는 싱흥유엔처럼 도로변에 차려진 가게를 '다이파이동大牌檔'이라고 부르는데, 급격히 산업화가 이뤄지면서 현재 홍콩엔 열 손가락에 꼽을 정도밖에 남지 않은 게 현실이기도 하다. 그런데 이와 같은 다이파이동도 처음엔 무허가 영업을 하는 통에 규제 대상이 되기도 했는데, 이젠 그 남은 수가 적다보니 정부에서는 아예 라이선스를 부여해서 지정된 장소에서만 영업을 하도록 허가를 내준 상황이다.

그래서 더 애착이 가는 걸까? 홍콩 사람들이나 홍콩을 찾는 관광객들은 여정 중에 싱흥유엔에 들르기를 빼놓지 않게 된 이유가 되었다. 그리고 다이파이동에서만 즐길 수 있는 메뉴들이야말로 사람들을 불러 모으는 이유에서 빼놓을 순 없다. 튀김옷이 우리나라의 튀김보다 살짝 더 얇은 오징어튀김도 인기이고, 두부와 오리고기, 소시지를 모아놓은 치우차우潮州라는 메뉴도 현지인들에게 인기다.

특히 한국인의 입맛에는 마늘양념을 넣어 볶은 채소무침이 인기이고, 후추 소스와 기름에 볶아낸 바지락볶음은 하얀 쌀밥에 밑반찬으로 손색이 없어서 한국인의 입맛에도 훌륭하다. 하나를 더 꼽자면 새우요리가 있는데, 중간 정도 크기의 새우를 반으로 갈라 그 사이에 마늘 양념 등을 넣어 삶아낸 메뉴가 사람들에게 큰 인기를 얻고 있다.

"토마토라면 주세요."

이날 내가 먹으려고 한 메뉴다. 면발은 마카로니로 할지, 인스턴트 기름에 튀긴 면발로 할지 고를 수 있는데, 인스턴트식 면발로 했다. 이처럼 갖은 재료로 만든 육수에 토마토소스가 추가된 음식이 토마토라면인데 사람들에게 인기를 얻는 또 다른 이유는 손님 입맛에 따라 소고기나 달걀 등의 고명을 얹어서 각자 스타일대로 먹을 수 있어서다. 가격은 대략 한국 돈으로 3,000원 정도.

"레몬차도 주세요."

매콤한 토마토라면을 먹을 땐 시원한 아이스티, 레몬차가 제격이다. 그런데 여기서 한 가지 알아둘 것은 '레몬차'라고 해서 레몬향 분말을 섞어 만드는 것이 아니라, 레몬 과육을 홍차에 가득 넣어주는 음료라는 점이다. 더위에 지친 사람이라면 누구에게나 큰 호응을 얻는 음료 되겠다. 토마토라면의 매콤한 맛을 단박에 사라지게 해주는 청량감도 일품이다.

'처음엔 몰랐는데 이 컵은 진짜 보면 볼수록 매력적이야.'

처음 볼 때는 다소 투박한 재질의 플라스틱 컵이었고 '이런 건 요즘 한국 초등학교에서도 안 쓴다고!' 하는 생각이 들게 하는 컵이었다. 그런데 이 컵을 자주 보다보니 홍콩 특유의 감성적인 부분도 느껴지는 것 같고, 나름의 분위기도 만들어주는 것 같아서 어느 때 보면 정감을 갖게 되는 대상이 된 듯하다.

Photos©Constance Fung

잠시 후, 주문한 토마토라면이 내 앞에 놓였다. 아침 일찍 숙소를 나서 싱 홍유엔에 도착한지 얼마 만인가, 줄 서 기다린지 몇 시간 만인가? 기다릴수록 간절함이 더 커지기도 하지만 모든 걸 다 떠나서 토마토라면이라는 메뉴 하나에 이토록 매달리게 될 줄 누가 알았을까?

그 맛은 한국에서 먹는 라면의 그것과 크게 다르진 않다. 토마토를 라면에 넣어 먹는 맛이 이상하지 않을까 염려했던 적도 있었는데 모든 건 역시 기우였다. 직접 먹어보지 않는 한 아무도 모를 맛! 그렇다고 해서 맛이 특별하다거나, 마니아층만 좋아할 정도로 어떤 고유의 맛이 있다는 게 아니다. 토마토라면은 담백한 국물맛도 좋지만 면발을 함께 먹는 식감도 나쁘지 않다. 익숙한 식감 그대로다.

싱흥유엔(勝香園)의
성공비결

## 1. 다이파이동의 명맥을 유지한다.

하루에도 많은 고층빌딩이 들어서는 홍콩. 하루에도 수백만 명의 사람들이 들고 나는 홍콩에서 오랜 시절 홍콩 서민들과 함께 시간을 보냈던 많은 다이파이동은 시간이 흐를수록 홍콩의 옛이야기로 사라질 수밖에 없는 운명에 처했다. 하지만 '싱흥유엔' 만큼은 여전히 굳건한 명맥을 유지하며 건재한 곳이 되었다는 사실에 집중하자. 역사 속으로 사라질 운명을 받아들이든가, 역사 속에서 그대로 살아남을 것인가 선택의 문제다.

트렌드를 좇지 않으면 나만의 트렌드가 된다. 패션에서도 유행이 돌고 돈다. 고도로 발달된 세상일지라도 사람들은 상대적으로 과거로 회귀를 그리워하는 시점이 생긴다. 문명에 치이고 사회 발달 속도에 피로감을 느낄 때다. 매 초마다 쏟아지는 정보 속에서 허겁지겁 달려왔지만 세상 모든 것이 변했다고 느낄 때라도 그 자리에 그대로 머문 곳이 있다면? 사람들은 휴식을 생각할 때 그곳으로 향한다. 그 자리에 싱흥유엔이 있다.

## 2. 토마토라면, 차별화된 메뉴로 승부하다.

사실 토마토는 삶아서 먹기도 하고 샐러드와 햄버거 재료로도 많이 이용되는 재료다. 피자 도우(반죽)에도 토마토소스를 바르고 그 위에 토핑재료를 얹는다. 이처럼 토마토는 과일 자체로 섭취하는 것 외에도 다양한 메뉴에서 사람들과 친숙한 존재다. 라면과도 충분히 어울릴 만한 재료다. 누군가 먼저 시도해보지 않았을 뿐이었다.

그런데 토마토라면을 만든 건 좋은 아이디어였다. 핫도그나 햄버거에 뿌려 바르던 토마토소스를 라면에 넣는 순간 느끼할 것 같다는 상상과 정반대의 담백한 맛이 우러났다. 햄버거, 핫도그, 피자 등의 음식에서 익숙하게 접했던 토마토소스가 라면 속으로 들어온다고 해도 낯설게 받아들일 이유가 없었다. 사람들이 싱흥유엔의 토마토라면에 빠져들기 시작했다.

## 3. 유럽풍 거리에서 홍콩 그대로의 모습을 유지하다.

세련되고 고풍스런 느낌의 유럽 스타일이 가득한 거리에서 그 어느 골목에 자리 잡은 싱흥유엔은 사라지지 않는 홍콩 그대로의 생명력을 보여주는 대표적 이미지가 되었다. 모든 걸 수입에 의존할 수밖에 없는 홍콩의 특성상 무역과 금융이 자유로운 산업적 환경과 함께 항상 새로운 것들이 쏟아지고 있지만, 변하지 않는 그 무언가가 중요했다. 홍콩 사람들이 먼저 변하지 않는 존재를 찾아서 지키려고 노력하기 시작했고 그 자리에 싱흥유엔이 들어섰다.

성공한 홍콩 사람들의 향수를 달래주는 가게, 세계 각 곳에서 하루가 다르게 물밀 듯 들어오는 새롭고 좋은 것들과 경쟁하면서 굳건하게 자기 자리를 지킨 가게, 홍콩 사람들이 외국인들에게 기꺼이 소개해주고 싶어하는 가게가 되었다. 홍콩을 찾는 사람들이 반드시 들러보고 싶어 하는 가게이기도 하다.

# 08

# 지역 특색을 살린 메뉴로 승부하세요. 지역을 구경 온 손님이 가게에도 옵니다

. . .

SHOP. 딤섬으로 변장한 미니햄버거를 붙잡다, 번스비치바(Vern's Beach Bar)

"이태원에만 가도 각 나라 사람들을 다 볼 수 있어."

"미국 사람만 있는 게 아니고?"

"아냐, 이태원 소방서 골목 쪽으로는 러시아 사람들, 그 아래쪽으로는 태국이나 방글라데시와 같은 아시아 사람들이 자주 모이는 가게들이 있고, 소방서 길 건너편으로는 인도 사람들, 그리고 한남대교 방면 블록에는 미국인들이 주로 모이거든. 이태원에서 녹사평역 쪽으로 향하는 대로변 길에는 한국인들도 자주 가는 큰옷을 파는 가게들이 모여 있어. 이 부근에선 힙합 패션이나 덩치가 큰 운동선수들을 상대하는 가게들이 많아. 따라서 이태원에서 장사하려면 각 나라 사람들이 자주 모이는 가게들 특성을 알아서 전략을 세워야 해."

옷가게를 열고 싶다는 후배가 홍대 부근이나 이대역 부근, 동대문시장이나 이태원 쪽 중에서 어느 동네에 가게를 열어야 할지 물어보기에 답해주었다. 그 후배는 내 이야기를 듣고 며칠간 더 고심하는 것 같더니 인터넷에 가게를 열었다. 임대형 쇼핑몰을 활용하면서 초기 투자비용을 줄이고 돈을 벌게 되면 나중에 오프라인에 가게를 차리겠다는 얘기를 했다. 초기 투자 자본이 적고 사업 경험이 부족한 상태에서 올바른 선택이었다.

"옷가게만 하려고 하지 말고, 여러 가지 아이템을 놓고 다양한 가능성을 생각해 봐. 기존에 뜬 상권보다는 새롭게 부각되는 지역이 있고, 지금은 유명하지 않더라도 사람들이 점점 몰리는 거리가 있어. 북촌마을 지역이나 성북동, 가로수길, 서래마을 주변 지역들도 그렇게 알려진 곳들이거든."

사실 알고 보면 대한민국 서울에는 프랑스 스타일이 돋보이는 서래마을, 일본식 아기자기한 도로들이 특징인 압구정동, 대만계 중국인들이 몰린 연남동, 중국 교포들이 거주하는 대림동과 신길동, 베트남이나 몽고 등의 이주근로자가 집단 거주하는 안산 등처럼 각 나라의 문화적 특색을 느낄 수 있는 지역들이 많다. 서울에서 한국인들만 상대로 장사하는 시대가 아니란 얘기다.


'오늘은 스탠리에 오길 잘했어.'

한적함과 여유로움이 가득한 스탠리. 여기 근처에서는 여성을 위한 다양한 액세서리와 의류 등을 판매하는 레이디스마켓에 이어, 스탠리마켓, 스탠리 메인 스트리트를 구경할 수 있다. 이국적인 외국의 느낌이 더 강한, 서울의 이태원에 비유되는 곳이랄까? 홍콩 사람보다 서양 사람들이 더 많은 지역이니 어쩌면 당연할 듯하다.

스탠리에는 조금만 때를 놓쳐도 좌석 잡기가 힘든 카페나 가게들이 많다. 레스토랑엔 식사 때 가면 빈 좌석을 찾기 어려울 정도다. 모든 곳이 만석이다. 번스비치바 역시 예약이 필수지만, 운이 좋으면 그냥 가도 착석 가능한 곳이다. 도로변 아담한 가게, 그러나 즐거움은 아담하지 않다. 실내보다는 길가 테라스가 더 인기다.

'이쯤에 있었는데? 아, 저기다!'

Photos©달콤한꿀호떡

스탠리 도로가에 서면 어렵지 않게 금방 찾을 수 있다. 노란색 벽면에 야자수 그리고 태양 그림이 여기가 '번스비치바'라고 알려주는데, 누가 그렸는지 모르지만 앙증맞게 보이는 파도 그림이 귀여워서 한참 들여다보게 된 곳이다. 어쩌면 저 파도가 나를 이곳에 데려온 지도 모른다.

'메뉴는 가게 앞에서 미리 보고 고르자.'

모든 메뉴는 가게 앞 테라스에 입간판을 세워두고 손님들이 지나다니며 볼 수 있게 해두었다. 이젠 세계 어느 곳을 가더라도 식당 앞에 음식 모형이나 메뉴판을 놓은 모습을 쉽게 보게 되지만, 번스비치바의 메뉴판은 메뉴판이라고 부르기에도 조금 더 단출하다. 메뉴 보고 들어오라는 자부심인가?

'테라스에 있는 의자는 왜 이렇게 높아? 엉덩이 큰 사람은 앉기 힘들겠는 걸?'

엉덩이를 얹을 수 있는 면적은 좁지만, 동그란 테이블 주위로 길쭉하고 키가 큰 의자들이 놓여 마치 야자수처럼 보인다. 의도한 걸까? 테이블 사이를 통해 보이는 번스비치바 가게 내부 풍경이 한눈에 보인다. 가게 앞 테라스에 놓인 파라솔들과 테이블들 사이는 몸집 있는 남자가 걸어가기에도 충분할 정도로 넓다. 이 통로가 가게 안으로 이어지게 만든 아이디어다.

가게 면적이 좁아서 하늘로 솟은 테이블들, 파라솔로 가려둔 시원한 공간, 가게 내부로 이어지는 좁지 않은 통로, 이 가게 주인은 마치 '좌우는 좁지만 위아래는 굉장히 넓다'고 말하려는 것 같다. 의자도 높고 테이블도 높고 가게 내부에 들어와 보니 천장도 높다. 그래서인가, 가게가 전반적으로 작아 보이지 않는다. 오히려 천장에 비해 내가 너무 작은 게 아닌가 생각된다.

가게 안으로 들어와서 도로 방향을 다시 쳐다봤다. 테라스에는 동그란 테이블 뒤로 나무재질의 테이블과 의자가 놓였고, 길쭉하면서 좁아 보이는 가게 내부와 한쪽 벽을 터서 문을 달아 테라스와 하나의 공간처럼 만들어 둔 게 눈에 들어온다.

Photos©달콤한꿀호떡

가게 안에서 밖을 볼 때도 어색함이 없다. 도로 쪽 손님들이 지나가면서 '번스비치바'를 볼 때나, 가게 안에 앉아서 도로 쪽 풍경을 감상할 때나 일체감이 든다는 얘기다. 가게 안과 밖에서 바라보는 풍경이 서로 어울린다.

'번스비치바라는 거 누가 모를까봐?'

가게 앞 입간판 인테리어 구조물들이 보인다. 그중에는 제프리Jeffreys Bay 만灣으로 가는 방향이 저쪽이라는 화살표 구조물과 그 옆에는 또 다른 만灣을 가리키는 화살표 구조물을 뒀다. 마치 이곳에선 어느 해안을 보고 싶든지 여기가 중심이라는 효과를 주려고 한 듯하다.

'엥? 와이키키 비치Waikiki Beach까지 가는 길이 8942.8km라고?'

내가 잘못 본 건가 싶어 눈을 부비고 다시 봤지만 틀림없다. 89.42m가 아니라 8942.8km다. 사실 나는 홍콩 스탠리에 있는 이 가게에서 하와이 와이키키 해변을 가리키는 간판을 보면서 그저 장식품이겠거니, 손님들에게 하와이 느낌을 내려고 달아 두었거니 생각했을 뿐이었다. 그런데 표시된 거리를 보니 실제 거리다. 홍콩의 어느 작은 동네 스탠리에서 하와이까지 얼마나 떨어져 있는지 정확하게 알 수 있다.

'그러고 보니 바로 옆에 제프리 만灣까지 가는 길이 11317.2km라네? 이거 봐라? 서울부터 부산까지 거리가 450km라고!'

번스비치바를 만든 가게 주인의 아이디어가 번뜩인다. 화살표 방향대로만 걸어가면 거기 적힌 지명이 나온다고 하니, 차라리 여기에 머무르고 싶은 충동이 강하게 들지 않은가? 10,000km가 넘는 다른 해안가에 언제 다 걸어갈까? 차라리 번스비치바에 머물지!

가게 내부를 보자. 주방의 모든 것이 공개되어 있는 오픈형이다. 테이블은 없고 술과 메뉴를 만드는 키친이 바BAR 형태로 되어 있다. 손님들이 바 앞에 서서 술이나 음료, 메뉴를 먹을 수도 있다. 영락없는 미국식 어느 작은 주점 모습이다. 손님과 가게 주인이 이웃인 동네, 언제든 편하게 들러 위스키 더블샷 한 잔만 마시고 돌아가도 되는 그 느낌이다.

가게 안에서 도로를 향해 바깥을 다시 보니, 도로변 가까운 곳에 테이블과 의자의 키가 큰 이유를 알 것 같았다. 거리에 걸어다니는 사람들과 눈높이가 비슷해지는 효과다. 도로변 번스비치바에 앉아 있어도 그 눈높이는 길가에 걸어다니는 사람들이랑 비슷하다.

번스비치바에 손님은 앉아서 보고, 도로변 사람은 서 보고, 이거 이거 번스비치바에 들어오면 키가 갑자기 커지는 효과가 생긴다. 도로변 사람들은 속으로 '난 서 있는데 저 사람들은 앉아 있네?' 할 거 아닌가? '나는 다리 아픈데 쟤네들은 앉았네? 번스비치바 매력적인데?'라는 식이다.

자리에 앉아보자. 점원이 메뉴판을 바로 건넨다. 그래 좋다. 테이블 위엔 머스타드 소스, 소금, 케첩이 놓였다. 하인즈 케첩이다. 메뉴판을 보니 프리미엄 생맥주 '오르가닉 허니 듀 비어'가 있다.

Photos©달콤한꿀호떡

'무슨 맥주이기에 이름이 꿀맛 맥주인가? 꿀을 탄 것인가?'

잠시 메뉴판을 보던 나는 이 가게의 매력 만점 메뉴 미니버거를 주문했다. 여기 처음 왔을 때 그 앙증맞은 모습에 놀라고 기대 이상의 맛에 감탄했었다. 번스비치바에서는 물론 여러 가지 버거burger를 판다. 이를테면 '더 엔드레스 썸머'라는 버거도 있다. 갖가지 재료에 따라 크기와 맛이 다른 버거들인데, 생맥주와 세트로 99H$에 판다.

그리고 미니버거, 냅킨 위에 올려진 4개의 미니버거가 한 메뉴로 나온다. 이쑤시개 4개로 쿡쿡 꽂아둔 모양도 귀엽지만 미니버거라고 해서 재료를 우습게 여길 건 아니다. 고기 패티, 치즈, 토마토, 양배추도 온전히 들어갔다. 햄버거의 빵을 '번'이라고 하는데 '번'보다 더 두꺼워 보이는 고기 패티가 눈에 확 들어온다.

'제대로다!'

그러고 보니 가게 앞쪽 도로변에 있는 키 큰 테이블 의자들 모습과 닮아 있다.

'아하, 사람들이 지나다니며 키 큰 테이블에 앉아서 키 큰 미니버거를 먹는 모습을 보면, 빈스비치바엔 재밌는 것을 파는구나! 생각하겠네.'

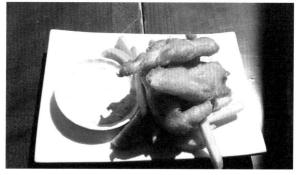

Photos©달콤한꿀호떡

난 이날 번스비치바에 앉아 하와이에 살고 있는 친구 '에이리Eiri'에게 전화를 걸었다.

"이따가 뭐해? 커피나 한잔하지? 여기? 네가 있는 하와이에서 9,000km 밖에 안 먼 곳이야. 네가 올래? 내가 갈까?"

## 번스비치바(Vern's Beach Bar)의 성공비결

### 1. 의미 있고 위트 있는 조형물을 내걸어보자.

서울에서 일식 가게, 이탈리아식 가게를 열긴 쉽다. 하지만 이탈리아에서 얼마나 먼 곳인지, 일본에서 얼마나 가까운 곳인지 알려주는 가게는 없다. 디테일하게 다가가는 순간, 막연한 곳이 아닌, 실제 구체적인 장소가 된다. 사람들 기억에 남기 시작한다.

일식 가게를 열면서 화살표 조형물을 걸고, 거기에 '일본 도쿄 신주쿠 방향으로 몇 km'라고 써보자. '이탈리아 나폴리 방향으로 몇 km'라고 써보자. 피자를 먹으면서 이탈리아를 떠올리고, 초밥을 먹으면서 도쿄 신주쿠를 떠올린다. 이름만 따온 가게가 아니라 실제 그 지역, 그 동네 가게라는 이미지를 심어준다.

그 길을 걸어가고 안 가고는 손님 몫이다. 물론 모든 손님들은 무모한(?) 행동을 저지르지 않지만 말이다. 디테일한 거리가 표시되는 순간, 다른 동네 이야기가 아니라 같은 동네 가게가 된다.

## 2. 좌우가 좁다면 위아래를 활용하라.

내 마음에 드는 평수와 모양의 가게를 만나기는 쉽지 않다. 항상 좁거나 넓거나, 직사각형이거나 마름모꼴이거나 크기와 모양도 제각각이다. 그렇다고 해서 내 마음에 드는 가게를 만들어 장사를 할 수는 없는 노릇이다. 이럴 땐 주어진 가게 상태를 최대한 활용하는 전략이 필요하다.

좌우 폭이 좁다면 위아래 천장이 높은 장점을 활용한다. 사람들은 가게의 요모조모를 따지는 게 아니라 그 가게의 특색을 찾는다. 어느 가게에 평수가 '좁더라' 이야기하는 게 아니라 '어느 가게에 갔더니 이런 게 있더라'라며 그들이 가져온 추억을 이야기하길 좋아한다. 가게의 모양을 고민하지 말고 가게의 특색을 부각시켜야 한다.

## 3. '뭘 파는 가게지?' 궁금증부터 없애준다.

사람들은 항상 생각한다. 도로를 걸을 때나, 버스나 자동차를 타고 길을 지날 때 도로변 가게를 보고 생각한다. 가게가 예쁘다, 가게가 좁다, 가게가 신기하다 등. 그런데 유명한 프랜차이점이 아니고선 사람들이 보고 그 가게에서 뭘 파는지, 어떤 메뉴가 유명하고 어떤 음식이 맛있는지 모른다. 그래서 사람들은 이왕이면 그들이 아는 가게에 간다. 음식을 잘 몰라서 저지를 수 있는 실수를 최대한 줄이고자 함이다.

　당신의 가게가 잘 안되는 이유는 사람들이 당신 가게의 아이템을 모르기 때문이다. 그들은 자신이 알고 있는 가게에 갈 뿐이다. 그들에게 당신 가게의 아이템을 알려주는 게 좋다. 그들이 가게의 아이템을 보는 순간, 그들은 당신 가게가 신장개업이든 손님이 많든 적든 상관없이 '자신이 좋아하는 아이템을 보고' 당신 가게에 들어온다. '가게의 아이템'은 '가게 인테리어'보다 더 중요하다. 이것이 인테리어보다 더 먼저 사람들에게 알려져야 한다.

# 09

# 장사할 가게가 좁다면
# 아이디어를 넓히세요

$\vdots$

SHOP. 생맥주 기계 한 대면 충분하다, 비어베이(The Beer Bay)

"우리 다 먹었으면 빨리 나가라는 거야?"

모처럼 홍콩에 온 전지현(가명)이 내 쪽으로 상체를 숙이더니 내게만 들릴 정도의 작은 목소리로 묻는다.

지현을 만난 건 얼마 전 더운 여름 어느 날 저녁이다. 휴가를 내서 왔으니 홍콩에서 특별한 걸 먹게 해달라고 했던 터라 커즈웨이베이에 유명한 '게 요리' 식당으로 와서 식사를 하던 중이었다.

"아니, 식사 천천히 해도 돼."

"그럼 저 여자가 왜 와서 그릇을 치우는데?"

고민이 된 모양이다. 그도 그럴 것이 한국에서는 바쁜 시간대에 테이블을 오래 차지하고 있는 손님들에게 나가라는 표시로 빈 접시나 그릇을 치우는 경우가 종종 있다. 한국에서는 빈 그릇을 치워도 그 손님들이 눈치 못 채고 더 오래 테이블에 있으면 점원이 다가와서 '저희 마감시간입니다'라고 말하는 경우도 있다. 다른 손님 좀 받게 다 먹었으면 그만 떠들고 나가달라는 얘기다. 지현은 한국에서의 기억을 떠올린 모양이었다.

"중국에선 식사하는데 테이블 위에 빈 그릇 있는 걸 별로 안 좋아해. 문화 차이인데 음식이 있는 그릇은 그냥 두지만, 빈 그릇은 치우려고 하는 게 보통이야. 대개는 그냥 와서 치우고, 일부 식당에선 점원이 와서 빈 그릇이나 음식을 거의 다 먹은 그릇은 치워도 되는지 물어보고 치워. 중국에선 뭐든지 풍족하게 풍부하게 있어야 그걸 좋은 거라고 여기거든."

"아, 그래? 그럼 다행이고."

지현은 다행이다 싶은 표정이었다.

중국을 처음 온 사람들은 간혹 낯선 문화 차이를 겪으면서 당황하는 경우가 있다.

"여긴 이 빠진 그릇도 그냥 쓰는 곳이 많아. 그걸 하나의 전통이라고 여기거든. 우리 역사가 그렇게 오래된 가게라는 표시라고 여겨."

"아, 진짜?"

지현이 고개를 끄덕이며 말했다.

홍콩이란 곳 역시 중국의 문화가 존재하는 사실과, 겉으론 별 차이 없어

보이는 아시아 사람들이지만 한편으론 전혀 다른 문화를 지닌 사람들이란 게 새삼스러운 듯했다.

"그리고 중국에선 손님을 대접할 때도 예의가 있어. 가령 손님이 배부르게 먹고 음식을 남기도록 하는 게 예의거든."

"그건 또 뭐야?"

"손님 테이블 위에 가득 차도록 메뉴를 주문해. 상을 다 채우는 게 우선이고, 그 다음엔 손님이 배부르게 먹고 음식이 남도록 하는 거야."

"한국에선 음식을 남기지 않고 다 먹는 게 예의잖아."

"응. 그래서 중국 식사자리에 처음 온 한국인들은 너무 배가 불러서 고생을 좀 하지. 주는 대로 그릇을 다 비우거든. 예의 지키느라고. 그런데 그걸 중국인 입장에서 보면 손님이 배가 덜 찬 거야. 안 남기거든. 그래서 손님에게 메뉴를 자꾸 더 시켜줘. 배부를 때까지 먹고 남기라는 얘기지. 그런데 그걸 또 보는 한국인들은 예의를 지키느라 또 다 먹고."

"뭐야, 그게."

지현이 입을 가리며 웃었다. 하지만 사실이다. 그래서 중국인들과 사업을 하는 자리에 가보면 그 사람이 중국에 온지 얼마 안된 사람인지, 거래를 많이 해본 사람인지 알게 된다. 중국인들과 한국인들의 식사문화는 같으면서도 많은 부분이 다르다.

"바다 보면서 맥주나 한잔할까?"

"땡큐지."

식사를 거의 마치고 디저트와 후식으로 커피까지 마신 후였다. 지현에게 맥주를 마시겠냐고 물어보니 OK란다.

"이번엔 가게 점원도 없고, 눈치 보며 언제 나가야 하는지 걱정 없는 가게로 갈게."

"그런 데가 있어?"

"응, 영업시간 제한도 없어서 손님이 있고 싶을 때까지 있어도 되는 곳이야. 게다가 바다도 바로 눈앞에서 보고 시원한 자연 바람도 좋은 데지."

"거기 이름이 뭔데?"

지현이 자기 가방에서 책을 한 권 꺼내더니 주섬주섬 페이지를 넘기기 시작했다. 미리 사 들고 왔다던 홍콩여행 책자였다. 홍콩에서 그런 곳이 있다는 얘기를 처음 듣는다는 표시였다. 거기가 어디인지 미리 찾아보겠다는 의미다.

그런데 나는 사실 거기가 홍콩여행 책자에 나왔는지 안 나왔는지 모른다. 다만 이날 지현이 중국의 식사문화에 대해 궁금해하는 걸 보고 조금 색다른 가게를 소개해주려고 했을 뿐이다.

"여기서 멀지 않아. 가자."

"걸어서?"

"걸어가야 해. 거긴 아주 멋진 곳이지만 주차장이 없어."

지현과 함께 발걸음을 옮기면서 내 머릿속엔 벌써부터 홍콩 바닷가 야경이 그려졌다. 아사히, 하이네켄, 하이벨베르그 등 세계의 맥주를 야외에서 저녁노을을 보며 마시는 기분은 어떨까? 여행자에겐 여행의 고단함이 눈 녹듯 사라지고, 관광객에겐 이국의 정취가, 그 나라 사람들에겐 하루의 피로가 싹 사라지지 않을까?

'바다와 같이 마시는 생맥주랄까?'

인테리어가 잘된 가게들은 많다. 그렇지만 이따금 강가나 바닷가에서 제 방에 앉아 생맥주 한 잔 들이켜고 싶은 그런 기분이 들지 않는가? 낭만을 안다면 말이다.

캔맥주? 알루미늄 뚜껑을 따는 소리는 마음에 들지만 그곳에 입을 대고 마시는 건 어째 시원하게 느껴지지 않는다. 생맥주가 어울리는 시간과 장소가 있지 않은가?

지현은 나를 따라 길을 걸으면서도 연신 책자를 뒤적이더니 결국엔 가방에 다시 넣었다. 낮에는 없지만 밤에 생기는 가게, 낮에는 거리공연도 펼쳐지고 인근 건물에서 근무하는 회사원들도 거니는 곳인데, 저녁이면 파라솔도 설치되어 서서 생맥주를 마실 수 있는 곳이다. 세계 모든 맥주를 생맥주 상태로 간단한 과자 안주 삼아 즐길 수 있는 야외 생맥주 가게인 셈이다.

이곳은 센트럴 지역에서 만큄 스트리트에 있는 센트럴 부두 3번지에 있다. 홍콩의 야경 속에서 조명이 반사된 바다를 앞에 두고 자연 바람을 맞으며 생맥주를 들이킬 수 있는 곳.

"여기야."

가게는 단출하다. 서너 평 남짓 되는 공간, 가게 안에서 한 명이 서빙을 보고, 가게 안 냉장고에서 병맥주를 팔고 바로 앞에 생맥주 기계를 두어 손님들에게 즉석에서 생맥주를 따라 준다.

생맥주 기계 한쪽 옆엔 과자류를 진열해두고 맥주랑 같이 먹으려는 사람들이 고를 수 있게 했는데, 이 가게의 진가는 바야흐로 저녁노을과 석양이 지는 밤이다.

"우아, 여기 뭐야? 가게 맞아?"

"응."

"신기하다. 바다 바로 앞에서 생맥주를, 그것도 세계 맥주를 원하는 대로 골라서 마실 수 있다니? 어? 위스키도 있어!"

"여기가 바로 '비어베이'라는 가게야."

간단한 요깃거리가 되도록 데워 먹는 메뉴도 가능하다. 가게 안에 전자레인지가 있다. 그리고 화요일에는 별도의 가격 프로모션 이벤트를 진행한다. 칵테일과 위스키, 양주류도 잔으로 판매된다. 생맥주 기계 바로 옆엔 얼음통이 있어서 위스키를 마시는 사람들이 얼음을 넣을 수 있다.

지현은 모처럼 바다 앞에 섰는지 즐거운 표정이었다. 딱딱한 회색빛 건물들 안에 갇혀 지내는 일상으로부터의 탈출이기도 했다. 여행자들이 가져온 수트케이스 위에 얹어둔 생맥주 잔이 홍콩의 야경과 참 많이 닮았다는 느낌도 들게 해준다. 주위를 둘러보면 온갖 나라의 사람들이 다 모인 듯하다. 커다란 가방을 짊어진 배낭 여행자부터 근처 건물에서 하루 일을 마치고 나온 정장 차림의 직장인들 모습, 데이트 중인 커플들도 등장했다.

비어베이(The Beer Bay)의
성공비결

### 1. 사고방식의 전환, 없어서 못하는 게 아니다.

가게 벽이 없어서 가게를 열 수가 없다? 아니다. 테이블이랑 의자가 없어서 가게를 열 수가 없다? 아니다. 가게 벽이 없다면 벽 없는 가게를 열 수 있고, 테이블이랑 의자가 없다면 서서 먹는 가게를 열 수 있다. 가게를 일정한 공간 안에 테이블과 의자를 두고 사람들이 들어와서 돈을 낼 수 있어야 하는 곳으로 규정지으면 안 된다. 이제부터 가게는 손님이 있으면 거기가 가게가 되어야 한다. 가게라는 곳은 주인이 있고 손님이 있어서 돈을 주고받는 상거래가 이뤄지는 곳이다. 다른 건 의미가 없다. 심지어 최근엔 손님이 돈을 낼 수 있을 뿐이고 주인 없는 가게들도 생기지 않았는가? 이런 무인점포에는 자판기가 있다.

벽이 없고 테이블이 없다면 그 공간 자체를 벽과 테이블 없는 가게로 만들 수 있다. 가게의 특색이 되는 셈이다. 손님들은 가게의 벽이나 가게 테이블이 좋아서 오는 게 아니다. 그들이 머물 공간이 필요해서 온다. 벽이 없어도 공간은 있다. 마찬가지로 벽이 없어도 가게가 될 수 있다.

## 2. 나머지는 손님에게 맡기다.

가게는 주인의 것이 아니라 손님의 것이어야 한다. 주인은 손님이 원하는 물건을 파는 사람이기 때문이다. 주인이 원하는 사람에게만, 주인이 원하는 물건만 파는 가게라면 그 가게엔 아무도 가고 싶어 하지 않는다. 그런 가게에 가는 손님이 있다면 그 사람은 아마 가게 주인의 가족이거나, 가게 주인을 지극히 이용해 먹으려는 불순한 의도만 가진 사람들이다. 그런 이상한 사람들로만 가득 채워질 게 빤하다.

가게 주인은 손님이 원하는 물건을 팔고 그 다음부터는 손님에게 맡겨야 한다. 식당에서 손님이 주문한 음식을 내준 주인은 아무것도 할 수 없는 것과 같다. 기껏 해서 손님 테이블 옆에서 음식을 조리하는 걸 도와줄 수 있을 뿐이다. 손님 대신 먹어줄 수도 없고, 손님의 이야기를 들어주고 손님과 겸상할 필요도 없다. 그건 가게 주인의 임무가 아니다. 가게 주인은 손님이 원하는 상품이나 서비스를 제공한 이후에는 전적으로 나머지 모든 걸 손님에게 맡겨야 한다.

### 3. 감성을 자극하다.

사람들은 업무상 목적에 의해 가게를 찾고, 생활에 필요해서 가게를 찾는다. 목적성 소비를 하는 과정이다. 자신의 목적을 위해 소비하고 소비를 하기 위해 돈을 번다. 그래서 목적성 소비가 이뤄지는 가게들은 망할 가능성이 거의 없다. 사람들이 끊임없이 찾아오고 돈을 내기 때문이다. 그런데 사람들은 자신의 생존을 위한 '뚜렷한 목적'이 없어도 돈을 쓰는 경우가 있다. 감성에 젖을 때다.

자신의 과거를 돌아볼 때, 미래를 기대할 때, 누군가를 떠올릴 때, 고단한 몸을 휴식할 때도 돈을 쓰게 된다. 고민이나 힘든 문제가 생길 때 마음을 위로하고 싶은 사람들이 '술을 마시기 위해, 노래를 부르기 위해' 돈을 쓴다. 그리고 현실을 벗어나고픈 사람들이 '바다에 가고 싶어' 기꺼이 돈을 쓰기도 한다. 그래서 사람들이 감성을 자극받는 장소엔 사람들이 모이고 돈을 쓰게 된다. 바닷가야말로 대표적으로 감성을 자극하는 곳이다.

# 10

## 흔한 국수가 아닙니다.
## 보양식이라고 부를 만합니다

．
．
．

SHOP. 홍콩스타 양조위도 즐기는 맛으로 유명한, 카우케이아람(九記牛腩)

"오늘 저녁은 쇠고기 어때?"

"잘하는 집이야?"

"쇠고기 잘하는 집? 쇠고기가 다 거기서 거기지."

"아니, 내 말은 쇠고기가 좋은 품질인지, 아니면 등급이 낮은지 물어보는 거야."

"그걸 어떻게 알아? 먹어 봐야 알지."

쇠고기는 먹어 봐야 안다?

전혀 틀린 말은 아니지만 그렇다고 맞는 말도 아니다. 쇠고기의 질에 대해 뭘 좀 아는 사람은 맛을 봐야 한다고 말하지 않는다.

"쇠고기의 품질을 알려면 맛뿐만 아니라, 모든 걸 봐야 해."

"그게 무슨 소리야?"

"생각해 봐. 쇠고기가 테이블에 올라왔어. 뭐가 먼저 보여? 색깔이 보이지? 한국인들이라면 아마도 쇠고기의 기름기에 지나지 않는 것임에도 '마블링'이 얼마나 있나 볼 거야. 풀을 먹고 초원에서 건강하게 자란 소들은 마블링이 적다는 걸 아는 사람이 드문 이유도 있지만."

"아, 진짜?"

"암튼 쇠고기가 테이블에 올라오면 가장 먼저 보이는 건 색깔이야. 그 다음엔 냄새 정도겠지. 그럼 그 다음엔 뭐겠어? 젓가락으로 쇠고기를 집어 구이판이나 석쇠에 올려야? 그런데 육즙이 너무 빠지지 않도록 굽는 것도 중요하지만, 사실 여기서 진짜 고수들은 젓가락으로 쇠고기를 집는 순간에도 고기의 상태를 알 수가 있어."

"젓가락으로? 젓가락이 무슨 청진기야? 그걸로 어떻게 알아?"

"젓가락으로 쇠고기를 집는 순간에 젓가락에 들어간 힘, 쇠고기의 탄력, 쇠고기 조각의 무게는 물론이고, 쇠고기가 접시에 놓였다가 젓가락에 집혀 들리는 순간의 모양으로도 고기의 상태를 확인할 수가 있거든."

"말도 안 돼."

"말 돼. 그리고 구이판이 올려둔 후에도 금방 확인할 수 있어. 어떻게 익어 들어가는지 쇠고기의 상태를 보는 거야. 앞뒤 구운 면의 색깔과 구울 때

나는 소리, 익어가면서 새어나오는 냄새로도 판가름할 수 있어. 그뿐인가? 적당히 익혀서 입안에 넣었을 때 혀에 닿는 느낌이라든가, 씹었을 때 나오는 육즙과 풍미를 통해서도 알지. 이처럼 쇠고기 질에 대해 이야기할 때는 생각해야 할 부분이 한두 가지가 아냐."

모처럼 직원 회식을 쇠고기로 해줄 건데 좋은 가게를 알면 소개해 달라는 전화를 받고 해준 이야기다. 이날 내가 추천해준 가게는 바로 지금 내가 찾아가려는 홍콩에 '구기우남九記牛腩'이다.

이곳은 홍콩에서 유명한 쇠고기 면 전문 쌀국수 가게다.

'쌀국수 하면 베트남 아냐?'

아니다. 국내에도 몇몇 쌀국수 가게들이 있는데, 이 가게는 모 방송국에서 홍콩 특집편으로 만든 프로그램에서도 소개한 맛집이기도 하다. 홍콩 스타 양조위가 좋아하는 단골이라고 해서 더 유명한 가게, 방송 화면을 통해 소개된 진한 육수를 본 시청자들이 홍콩을 가는 큰 이유 중 하나로 꼽았을 정도다. 얼큰한 국물을 특히나 좋아하는 이들에게는 홍콩을 가야 할 특별한 이유가 될 수 있다.

'거의 다 왔는데? 지난번엔 싱흥유엔만 갔었지. 이번엔 카우케이아람으로 바로 가야겠어.'

싱흥유엔과 같은 도로에 자리 잡은 카우케이아람(九記牛腩의 홍콩 발음)은 같은 도로 맞은편에 있다. 도로변 통로에 '구기우남九記牛腩'이라고 쓴 빨간색 간판이 붙은 곳이다. 길가 모서리에 자리 잡고 있어서 유동인구가 특히 많고 접근성도 좋다. 물론 '카우케이아람'이 유명하게 된 이유는 장소 덕분만은 아니다.

'이곳만의 쇠고기육수는 정말 일품이지. 보통 쇠고기 재료 갖고 도저히 흉내 낼 수조차 없는 맛이야.'

Photos©www.ainfomedia.com

가게 밖까지 길게 늘어선 사람들 행렬은 맛집의 기본이 되어 버린지 오래다. 하지만 식사 때를 피하면 오래 기다리지 않아도 된다. 물론 그게 어렵지만 말이다.

'아, 오늘도 사람이 많네? 드디어 내 차례군.'

자, 가게 안을 보자. 이 가게만의 쌀국수를 먹으러 온 홍콩 사람들과 관광객들이 가득하다. '합석은 기본'이란 게 홍콩에서 좀 유명한 가게들의 공통점이기에 빈 좌석만 보이면 바로바로 앉아야 한다.

많은 한국인들이 오는 덕분에 이 가게는 한국어 메뉴도 있다. 당신 얼굴이 한국인처럼 생겼다면 가게 점원이 곧장 한국어 메뉴판을 건넬 것이다. 혹시라도 영어나 중국어 메뉴판을 받게 되더라도 놀라진 말자. 메뉴판 남은 게 그거밖에 없었을 수도 있다. 당신 얼굴이 절대! 절대로 외국인 같아서가 아니라고 생각하자.

'오늘은 뭘 먹을까?'

메뉴판에는 '카우케이 쇠고기 면 전문점'이라는 가게 설명이 써 있고, 주요 메뉴인 간수면과 쌀국수 메뉴들이 주르륵 표기되어 있으며, 메뉴판 아래엔 나중에 토핑해서 추가할 수 있도록 카레소스, 쇠고기육수, 계절 야채 및 육수 메뉴가 따로 적혀 있다. 이 가게의 기본은 쇠고기 간수면과 쇠고기 쌀국수면이다.

'손님들이 자기 입맛에 따라 양념을 추가하거나 고명(토핑)을 더 얹을 수 있도록 해둔 것이 마음에 들어. 아무리 좋은 것이라도 매일 먹으면 질릴 수가 있으니까. 이따금 나만의 재료를 넣어서 먹어볼 수도 있거든. 여기 적힌 토핑 재료들은 아마도 이 가게 주방에서 미리 다 첨가해서 먹어본 것일 테니까 그 맛도 믿을 수 있고.'

음료수 종류는 콜라, 오렌지맛 환타, 스프라이트 등이 있고, 아이스 커피, 아이스 레몬티, 아이스 밀크티 등도 고를 수 있다. 이따금 메뉴판에서 보이는 '아시스, 쇠고시' 등의 오타는 '아이스, 쇠고기'를 뜻하는 의미인데 우리말을 잘 모르는 외국에서 만나는 오타이니 그냥 이해하고 넘어가도 되겠다.

아참, 여기선 손님들이 메뉴를 포장을 해갈 경우엔 포장용기 값을 따로 받는다.

'맞아, 어떤 사람들은 식당에 3명이 와서 2인분만 시켜. 맛을 잘 모르니 입맛에 안 맞을까봐 그러기도 하고, 돈을 절약하느라 2인분만 주문해서 나눠 먹기도 하지.'

그래서 이 가게에 생긴 특이한 조건이 있다. 가게에 들어온 손님은 1인당 반드시 28H$ 이상을 써야 한다는 점이다. 이게 무슨 소리인가 생각해보니, 사람 여럿이 들어가서 음식은 적게 시키고 자리만 차지하는 경우를 막겠다는 의미다. 사람은 5명인데 음식은 3인분만 시키면 안 되지 않는가? 테이블 좌석은 5명이 차지해서 다른 사람들을 들어오지 못하게 해놓고, 정작 식사는 3명만 해서 좌석 2개가 허비되는 걸 막아보자는 취지로 이해됐다.

'오늘은 카레국수. 그래 이걸 먹어야겠어.'

홍콩을 방문하는 사람들에겐 카우케이에 오면 카레국수를 먹어보라는 말이 돌 정도로 인기다. 카레 쇠고기 안심과 납작 간수면 때문이다. 홍콩에서 맛보는 밀크티를 필수로 붙여서 말이다.

'카우케이아람, 이곳만의 밀크티 역시 훌륭하군.'

플라스틱 컵에 나오는 밀크티도 빼놓을 수 없는 메뉴다. 홍콩 카우케이아람에서 맛보는 투박한 플라스틱 컵에 담긴 밀크티는 그 맛이 환상이라고 할 만하다. 진한 맛에 여운이 지속되어서 오래도록 기억에 남는다고 할까. 어쩌면 카레 쇠고기 국수보다도 더 오래 기억에 남는 맛이다.

'쇠고기육수에 담아낸 국수라니?'

사실 처음 들었을 때는 그저 그런, 합성조미료 잔뜩 넣은 싸구려 국수를 생각했던 적도 있었다. 관광객들 상대로 '저품질의 국수를 싸게 만든 향만 가득한 국수가 아닐까?'라는 의구심을 가졌던 게 사실이다.

그런데 직접 먹어보니 그제야 홍콩에 다녀온 사람들이 꼭 먹어봐야 할 음식을 말할 때 왜 '카우케이아람!'이라고 엄지손가락을 드는지 이유를 알 것 같았다. 이곳만의 정성 들인 육수에 양질의 쇠고기를 담아 내오는데, 오래도록 푹 고은 육수도 일품이고 쇠고기 또한 최고급 육질인가 싶을 정도로 연하고 식감이 좋다. 육수와 더불어 면과 쇠고기를 한 젓가락 먹으면 입안에서 향긋한 육수와 함께 씹을수록 식감이 더해진다.

'카레 쇠고기 국수, 드디어 나왔군.'

이날 주문한 카레국수에 기대를 걸었다. 잘 삶아진 국수와 푹 우려낸 육수에 카레를 넣어 먹는 그 맛은 독특한 식감이라는 말 외에 달리 표현할 길이 없다. 그냥 쇠고기 국수가 뽀얀 국물에 시원한(한국인 특유의 취향) 맛이라면, 카레국수는 이국적이면서도 독특한 맛을 내는데 충분했다.

'그저 맵기만 하거나 얼큰한 그런 맛이 아니야! 이런 맛이 카레육수라니?'

가게 안을 다시 둘러보자. 그동안 무수히 본 풍경이지만 가게 분위기가, 아니 그 느낌부터 달라 보였다. 우선 깔끔하다. 동그란 테이블마다 철제 의자가 여러 개 놓을 수 있도록 공간 제약이 없다. 합석이 필수라서다. 가게 내부도 시원한 느낌의 철제구조이고 천장에 따로 구조물을 만들지 않아서 천장도 높아 보이고 바닥도 깔끔하다.

가게 사방의 벽은 테이블에 앉은 사람들 머리 위 높이부터 유리창을 만들어서 가게 밖 거리 풍경이 보이게 했다. 가게 안 손님들은 테이블에 앉는 순간부터 밖에선 얼굴이 안 보인다는 뜻이다. 물론, 가게 밖에서 키 큰 남자가 가게 안을 들여다보면 보이겠지만 홍콩 대다수 평균 키의 사람들이 본다면 안 보일 것 같다는 얘기다.

Photos©www.ainfomedia.com

'레몬차를 마셔야 해.'

에어컨 설비가 잘된 덕분에 무더운 홍콩 날씨에서도 제법 시원한, 때로는 소름이 돋을 정도로 서늘한 가게 안이었다. 거기서 먹는 뜨거운 국물에 진한 쇠고기육수 국수가 온몸에 전해진다. 이럴 땐 새콤한 뭔가가 필요했다. 생각난 게 레몬차였다.

'이곳 레몬차는 과즙 알갱이가 듬뿍 담겼고, 쇠고기육수로 담백해진 입 안을 상큼하게 만들어주는 효과가 있어.'

이곳 레몬차는 홍차를 직접 우려내어 만든다. 주방 안을 들여다보면 금방 안다. 4명의 조리사가 보이는데 레몬차는 1명이 전담하여 만들고 있다. 전문가다운 아우라가 느껴진다.

레몬차는 쇠고기육수면이나 간수면, 카레국수에도 제격이다. 한 모금 마실 때마다 정신을 맑아지게 해주는 효과가 느껴진다. 레몬차가 담긴 컵 안으로 레몬을 얇게 썰어낸 조각들이 가득 보였다.

'카우케이아람의 쇠고기육수는 정말 일품이지. 소갈빗살과 쇠심줄을 한 약재랑 섞어서 푹 고아 만든다고 했어. 품질 좋은 쇠고기가 아니면 만들 수 없는 그 진한 맛이 최고거든. 이걸 누가 그냥 국수라고 하겠어? 이건 보양식이라고 부를 만해.'

식사를 하는 중에도 내 머릿속에는 그저 감탄사만 연발하는 중이었다. 다시 레몬티가 생각나서 한 모금 마셨다.

눈앞에 테이블 위 풍경이 들어왔다. 동그란 테이블 위에 젓가락통과 수저통, 간장과 양념들이 보이는데 국물용 수저를 놓아둔 방식이 독특했다. 한국의 식당들처럼 수저통을 올려두고 그 안에 수저를 담은 게 아니라, 투명한 아크릴 통을 좁고 높게 만들어서 그 안에 국물용 수저를 나란히 쌓아둔 형태다. 언뜻 보면 '수저탑'처럼 보인다. 그 옆으로 젓가락은 세워져 있다. 그 동그란 테이블에 서로 잘 모르는 사람들끼리도 모여 앉아 쌀국수를 즐기는 모양새가 진짜 정겹지 않은가?

내 앞에도 쌀국수랑 밀크티가 놓였다. 밀크티 플라스틱 컵 안에는 빨대와 수저 한 개가 꽂혀 있다. 밀크티를 휘휘 저어 맛을 음미하면서 먹으라는 의미다.

'카우케이아람의 영업시간이 낮 12시 30분부터 밤 10시 30분까지인 게 딱 좋은 것 같아. 아침 일찍부터 문을 열면 이런 쇠고기육수가 제대로 우러나올 시간이 없겠어. 영업시간대를 점심 식사와 저녁 식사만으로 정한 것도 이 모든 게 다 음식의 품질을 위한 것이 분명해.'

식사를 마치고 메뉴판을 다시 보니 음료수들이 보인다. 캔음료도 있고 차가운 아이스 음료와 뜨거운 차 그리고 여러 음료들이다. 그런데 제일 아래에 캔맥주도 보인다. 쌀국수랑 즐기는 캔맥주에 도전해볼걸 아쉽다. 다음에 카우케이아람에 와야 할 이유가 또 생겼다.

## 카우케이아람(九記牛腩)의 성공비결

### 1. 기대를 넘어서는 깊이를 담다.

쇠고기육수, 그 한 가지부터 깊이가 다르다. 소갈빗살과 심줄을 오랜 시간 푹 고아서 삶고 거기에 카우케이아람만의 독창적인 각종 한약재를 섞어 넣어 독특하면서도 진한 육수를 우려내어 가장 맛있게 삶아진 상태의 국수를 제공한다. 손님들은 국수를 맛보기 전에 육수부터 맛본다는 가장 기초적인 것에 주안점을 둔 방침이다. 육수가 맛있어야 모든 게 맛있다는 음식 철학이기도 하다.

하나가 다르면 다른 것도 깊이를 인정받는다. 그래서 카우케이아람의 음식은 진정한 쇠고기육수에서 시작되어 다른 메뉴에서도 골고루 인정을 받는다. 카레국수, 밀크티 등 어느 것 하나도 손님들에게 등한시 당하는 게 없다. 카우케이아람 앞에 늘어선 손님들은 그래서 오랜 시간 기다려도 당연한듯 받아들인다. 이 가게 안에서만 맛볼 수 있는 음식의 깊이가 있다는 걸 알기 때문이다.

## 2. 깊이를 만드는 전문가가 다르다.

주방장 1인이 모든 재료를 손보는 게 아니라 전담하는 조리사가 따로 있
다. 밀크티 전문 조리사, 쇠고기육수 전담 조리사 등처럼 가게는 하나지만
그 안에 주방에서 각자 맡은 전담 분야가 따로 있다. 면발을 가장 맛있게
삶는 사람이 있고, 밀크티를 가장 잘 만드는 사람도 있다. 쇠고기육수를 가
장 잘 끓이는데 면발도 가장 잘 삶는 사람이라면 어딘지 의구심이 들지 않
는가?

그래서 카우케이아람에서는 밀크티, 쇠고기육수, 면발 삶기 등의 각 분야
를 점담하는 조리사가 따로 있다. 최고의 재료로 만들고 가장 맛있는 상태
의 음식을 내온다는 자부심은 여기서 생긴다.

## 3. 최고로 만들고 당당하게 자부한다.

쇠고기육수와 각종 메뉴를 최고의 수준으로 만들었다면 그 다음엔 당
당한 자부심을 갖는다. 가게에 온 손님들 1인당 최소 얼마 이상의 주문을
해야 한다는 규정도 자부심의 이미지가 된다. 가게에 온 이상 그 맛을 누리
라는 가게 주인의 제안이기도 하고, 가게 밖에서 기다리는 손님들을 위한
최소한의 배려이기도 하다.

# 11

## 특산품 재료만을 사용한다면?
## 가게 이름만으로 사람들이 찾아온다

⋮

SHOP. 최상급 브랜드 소고기의 대명사, 와규(WaGyu)

"이 가게엔 어디로 들어가야 해? 문이 어디야?"

최고급 스테이크 가게라는 소문을 듣고 왔는데, 이런 세상에! 벽이 없다. 아니 가게에 출입문이 없다고 해야 하나? 문이 있긴 있는데 문은 그저 통로 중 하나일 뿐이고 도로변에 자리 잡은 가게에 벽이 하나도 없다. 손님들은 문으로 들어가도 되고, 그냥 벽(뚫린 공간)으로 들어가서 마음에 드는 테이블에 앉아도 된다.

"홍콩엔 처음이지? 그 유명한 '와규Wagyu'에 와서 문을 찾는 걸 보니 그런데?"

"와규? 암튼 난 그런 거 잘 모르겠고, 지난번에 쇠고기 맛있다는 곳 소개

해달랬더니 이상한 소리만 들은 거 같아서 이번에 내가 직접 왔어."

민소희(가명)는 서울에서 인터넷쇼핑몰을 운영하는 어엿한 사업가다. 나이는 이제 갓 서른에 접어든 상태이지만 대학 졸업과 동시에 시작한 쇼핑몰 사업이 잘되면서 제법 성공한 사업가다.

"여긴 뭐 밥 먹다가 벽 뚫고 나가는 기분이겠어?"

"그럴 수도 있지. 어? 크리스틴! 란콰이펑에 오늘 무슨 일로 왔어? 놀러? 그래. 재밌게 지내!"

도로변 사람들과 밥 먹으면서 이야기하는 기분이 새롭다.

"누구야?"

소희는 자기랑 대화하던 내가 갑자기 길에 지나가던 파란 눈 외국인 여성과 이야기를 나누자 누군지 궁금한 모양이었다. 와규 안에 들어와서 테이블에 앉은 것과 동시였다. 게다가 우리 테이블은 도로변 바로 앞, 인도를 걷다가 한 발만 훌쩍 내딛으면 바로 가게 안으로 들어올 수 있는 자리였다. 이 가게에 통유리 벽이 있었다면 바로 여기에 만들었어야 된다고 생각되는 자리다.

"크리스틴? 아, 여기 센트럴에서 투자 업무를 해. 외국계 은행 직원인데 홍콩지사에서 파이낸스를 담당하고 있어. 나랑 알게 된지는 꽤 됐지."

"아……"

소희는 고개를 끄덕이고는 주위를 살폈다.

"그런데 여기 간판은 그냥 이거 하나야? 영어로 Wagyu?"

소희의 말대로 이 가게 간판은 영어로 쓰인 'Wagyu' 딸랑 하나가 전부였다. 하지만 가게의 실내는 밖에서도 훤히 보였다. 곳곳에 놓인 각 테이블 위엔 정갈한 흰색 테이블보가 놓였고, 식기와 포크 수저 세트가 항시 세팅된 상태였다.

"그냥 들어와서 먼저 앉는 사람이 '갑'이네. 안 그래?"

와규 가게에 도착하자마자 가게 안에 세팅된 수저랑 포크 세트, 테이블보를 보고 소희가 한 이야기다. 최고급이라고 해서 큰맘 먹고 왔는데 어딘지 모르게 대중적인 분위기라서 상황 판단이 잘 안되는 듯이 보였다.

소희는 이날 내게 최고급 쇠고기 먹는 법 내지는 쇠고기가 어떤 게 최고급인지 알려달라고 했다. 소희를 데리고 와규에 온 이유였다.

'오늘도 여긴 사람이 많네. 그러고 보니 와규엔 하루 24시간 손님이 없던 적이 없어.'

사실이었다. 와규에는 손님이 하루 24시간 계속 드나든다. 주말 저녁 가게 앞을 지나는 거리에 차들이 사라질 때도 와규에는 식사를 하는 손님들은 항상 가득 차 있다.

스테이크 가게라서 그런가, 아시아인보다는 서양인 손님들이 더 많다. 다들 테이블 위에 놓인 메뉴판을 보고 주문을 하기에 바쁘다. 물론 가게 밖에 선 사람들이 줄을 선 상태, 이 가게엔 아침저녁을 가리지 않고 손님들이 항시 밀려든다.

"허탕 치고 갈 수도 있겠다, 그치?"

소희가 내게 물었다.

식사를 못하고 자리가 만석이라고 되돌아가는 사람들도 있겠다는 애기다. 맞다. 그래서 맛집 아닌가? 이날 쉽게 자리를 차지할 수 있었던 이유는 미리 예약을 해둔 덕분이다. 어지간한 상황에서는 예약 대기자라도 한참 기다려야 하는데, 소희의 홍콩 방문 소식을 들은 내가 서둘러 예약을 한 덕분에 식사시간에 알맞게 자리를 확보할 수 있었다.

"근데 와규에 사람들이 왜 이렇게 많은 거야?"

"여기가 윈드햄Wyndham 스트리트거든. 이 주위로 갤러리들이 많아. 갤러리 구경하고 오는 손님들도 많지."

"그거랑 무슨 상관이지? 갤러리 구경하고 와야 되는 곳이야?"

소희가 두 눈을 껌뻑이며 내게 다시 물었다.

"아니, 그 뜻이 아니고 '눈이 높은 손님들'이 오는 가게란 이미지가 있다는 의미야. 순전히 그건 내 생각이지만 말이야."

"눈이 높은 손님들?"

"응, 사실 이 와규란 건 최상급으로 분류되는 쇠고기 브랜드야. 미국에선 앵거스Angus라는 브랜드처럼 고급 레스토랑에서도 인정받는 최상급 쇠고기 브랜드."

"아하! 이제 알겠어. 왜 나를 데리고 여기 왔는지. 쇠고기 알려달라니깐 일단 직접 먹어보라는 거 아냐? 응?"

소희가 그제야 얼굴에 미소를 지었다. 아까부터 여기가 어딘지, 도대체 문도 헷갈리고, 사람들 많이 다니는 도로 쪽과 칸을 나누는 통유리 벽도 없는 이런 가게에 왜 데리고 온 것인지 그 이유를 모르겠다는 표정이었다. 이제부터 본격적으로 와규라는 쇠고기 브랜드에 대해 이야기할 차례였다.

"근데 어째 가게 이름이 영어가 아니라면 일본식 이름 같다. 안 그래?"

"제대로 맞췄어. 와규는 영어 상표가 아니라 '일본의 쇠고기'라는 의미야. 구체적으로는 고베 지역의 쇠고기를 말하는데 일본어로 和牛가 되겠지."

"일본 쇠고기라고?"

"응. 미국이나 서양 지역에선 레스토랑도 그렇고 주택가 마트 전단지에도 아예 대놓고 와규라고 써 붙이고 홍보하는 경우가 많아. 그만큼 잘 알려진 쇠고기야."

"근데 왜 일본 그것도 고베 지역에 쇠고기가 그렇게 인기를 얻었어? 지금도 일본에서 전략 수출만 하는 거야?"

"아, 지금은 아냐. 일본 고베 스타일로 키운 소들이 마블링도 좋고 그 육질이 대단히 좋아서 최상급으로 분류가 되었거든. 그러면 다른 나라에서 소를 키우는 사람들이 가만히 있으면 안 되잖아? 기술을 배워야지. 1990년 초반부터는 미국에서도 일본 고베산 송아지를 수입해서 키우게 되었고, 호주 등 여러 나라에서 고베 스타일로 소를 키우고 있어."

"값도 비싸겠다?"

"음, 싼값은 아니지. 1파운드에 0.45kg 정도인데, 와규 등급 쇠고기는 미국에서도 1파운드당 최고 비싸게는 100달러(원화 약 10만 원)는 줘야 사먹을 수 있거든."

"450g에 10만 원? 아니, 우리나라 한우가 1등급 꽃등심이 600g에 소매 가격으로 65,000원 정도이니까, 뭐야? 한우보다도 훨씬 비싸네? 거의 두 배 가격이네?"

소희는 새삼 이제야 알았다며 놀란 표정이었다.

"응, 와규는 쇠고기에 제대로 된 마블링을 내기 위해서 기본적으로 30~35개월 사이 연령대의 소를 도축해서 얻는 거야. 한우도 마찬가지일 거고."

"아, 그런데 고베에서는 소를 어떻게 키우길래?"

"마블링이란 게 운동한 소들에게선 잘 찾아보기가 어려워. 운동을 시키지 않고 키우는 소들이 마블링이 좋게 나오거든. 마블링이란 게 지방층이라서 근육 사이사이에 지방이 쌓여야 그 모양이 좋게 나온대."

"운동을 하면 지방이 없으니까."

소희는 갑자기 양손으로 자신의 양쪽 팔뚝을 번갈아 주무르며 말했다. 그동안 운동을 게을리한 건 아닌지, 자신의 몸속에도 지방층이 생긴 건 아닌지 걱정이 된 모양이다.

"걱정 마. 건강이 나쁜 소를 말하는 건 아냐. 조선시대에도 임금에게 진상하는 쇠고기는 묶어놓고 키웠다는 기록이 있어. 운동량을 조절한 것이지 다른 건 없으니까 안심해. 그리고 미국에서 키운 고베 쇠고기 와규 값은 그나마 일본산 쇠고기보다는 저렴해. 일본산 와규는 일본 내에서 먹을 때도 보통 저녁 한 끼에 160$는 줘야 할 걸?"

"무슨 밥 한 끼에 16만 원을 줘? 아, 미치겠다. 그게 밥이냐, 금덩어리지?"

갑자기 웃음이 터졌다. 누가 사업하는 사람 아니랄까 봐, 쇠고기 브랜드 등급을 이야기하는데도 모든 걸 돈으로 환산하고 있었다.

"쇠고기를 고를 때는 주의해야 할 점도 있어. 소들이 원래 풀을 먹고 자라잖아? 그래야만 되새김질도 하면서 몸속의 가스도 내보낼 수 있거든. 그런데 쇠고기 육질을 좋게 하려고 옥수수 같은 곡물사료를 먹이는 농가가 있는데, 소가 곡물사료를 먹으면 위가 팽창하게 되고 가스가 소 체내에 쌓이기도 해서 위험하게 된대. 그래서 풀을 먹고 자란 소가 좋기는 해. 사람들도 소를 볼 때 너무 마블링만 따질게 아니라 건강하게 잘 자란 소인지 확인하는 게 중요하고 말이야."

소희가 고개를 끄덕였다. 이제야 쇠고기에 대해 무엇이 좋은 것인지, 어떻게 하면 구별할 수 있는지 이해가 된다는 표정이었다. 곧이어 식사가 나왔다. 이날은 점심세트 메뉴를 주문한 덕분에 여러 가지 음식을 맛볼 수 있다. 세트 메뉴 중에 쇠고기 스테이크가 나오자 소희가 나를 향해 조그만 소리로 물었다.

"이거 와규 쇠고기야?"

"응, 와규 스페셜인데 1인당 1,250H$ 정도야. 여기 완차이 지역에 '와규 타쿠미'라는 가게에서도 맛볼 수 있어. 와규 타쿠미에서도 1인당 약 2,000H$ 정도면 맛볼 수 있어. 가격 차이는 세트 메뉴 구성에서 차이가 좀 있어서 그래."

## 1. 최고급 이미지를 '브랜드'로 사용하다.

가게를 열면서 지역적 특성을 살피게 되는데 이때 가장 중요한 게 유동인구다. 여기서 유동인구란 단순히 왕래하는 사람들 수를 가리키는 게 아니라 '어떤 사람들'이 오가는지 조사해서 파악하는 일을 말한다.

가령, 어떤 직업군의 사람들이, 어느 연령대의 사람들이, 어떤 옷차림을 한 사람들이, 어느 시간대에 주로 다니는지 조사하는 일을 말한다. 그래서 가게를 열기 전에 반드시 해야 할 일은 내가 가게를 열고 싶은 장소 주위에 어떤 상권이 형성되어 있는지, 어떤 사람들이 내 가게에 손님이 될 것인지 미리 예측하는 일이다.

그래서 와규의 경우 센트럴이라는 금융업 종사자들이 많은 지역적 특성(시간에 구애가 없는 금융 미팅이 많다)에 서양인들이 주로 다닌다(타지 사람들은 고향을 그리워한다)는 점, 주말마다 젊은 세대가 모여 소통하고 서로 어울리는 곳(격식이 없고 서로 어울리는데 편하다)이라는 점 등이 복합적으로 작용해서 시너지 효과를 낸다.

가게에 통유리 벽도 없고, 아침 8시 이후로 늦게까지 영업하는 점도 장점이다. 서구인들의 식습관에 맞는 스테이크를 내세운 간판도 주요한 부분이다.


## 2. 벽이 없다.

벽을 없앤다는 건 '안전하다'는 의미이기도 하고 '누구나 환영'이라는 뜻도 된다. 어느 가게에 벽이 없다는 건 그만큼 들고 나감이 자유롭다는 얘기가 되고, 누구에게나 자신 있는 사람들이 모이는 곳이란 상징도 된다. 이를테면 구석진 자리를 찾거나 칸막이가 있는 장소가 필요한 사람들은 오기 꺼려한다는 얘기다.

이것은 다시 말해서 친구들이 많고 대인관계가 좋은 사람들이 가게에 온다는 얘기가 된다. 식사하는 모습을 다른 이에게 들켜도 언제든 반갑게 인사할 수 있는 사람, 혼자 음료나 술을 마셔도 금세 사람들과 친해질 수 있는 사람들이 모이는 곳이 된다.

이렇게 모이는 사람들이 가게 이미지를 만들게 되는데, 와규의 이미지가 자유롭고 편하고, 거기에 최상급 쇠고기를 즐기는 사람들이 모이는 곳이 된 이유다. 생각해보자. 대인관계가 좋고 자유롭고 편안하고 최상급 쇠고기 브랜드를 즐기는 사람이라면 어떤 사람일까? 그들이 모이는 가게는 어떤 가게일까?

### 3. 최고급 브랜드에 다양한 메뉴를 섞다.

최상급 쇠고기 브랜드 Wagyu를 가게 이름으로 쓰지만 실제 가게에서 파는 메뉴에 쇠고기만 있는 건 아니다. 밀크티도 있고 음료도 있다. 그런데 가게 이름은 와규다. 그래서 사람들은, 특히 '와규'라는 브랜드를 아는 사람들은 이왕이면 이 가게에 오려고 한다. 최상급이라는 브랜드 이미지를 그대로 가져갈 수 있어서다.

지역적 특색으로 바로 옆 골목에 갤러리가 있고, 금융업에 종사하는 금융인들이 많은 점도 가게에 도움이 된다. 그림을 거래하고 돈을 투자하는 그들에게 어울릴 만한 브랜드이기 때문이다.

그리고 와규에 왔지만 다른 메뉴를 주문할 수 있어서 더욱 매력적이다. 그들에게 필요한 건 와규라는 최상급 이미지일 뿐이지 매일 하루 세 끼 와규를 먹을 사람은 없어서다. 브랜드에 다양한 메뉴를 섞었더니 많은 사람들이 브랜드 안으로 모여들어 다른 메뉴를 즐기는 결과를 만들 수 있었다.

# 12

# 반드시 지켜야 하는 자리는 없다. 가게를 따라 찾아오는 사람들

⋮

SHOP. 가게를 통째로 옮기다, 피크카페바(Peak cafe bar)

"소호에 오고 싶다고 했지?"

"홍콩에 다녀온 사람들이 다들 소호, 소호 하니까."

"뉴욕에 소호는 가 봤다고 했던가?"

"거기랑 다르다던데? 이름만 같지 분위기도 그렇고 사람들 느낌도 그렇고."

"이름은 같지만 의미는 달라."

"아, 진짜?"

소호soho는 홍콩의 핫플레이스. 인근 센트럴 지역에 집중된 금융 피플들이나 관광객, 홍콩 사람들이 모여 그날 하루의 추억을 만드는 곳이다. 홍콩섬 지역에 미드레벨 에스컬레이터 인근에 위치해서 접근성도 좋다. 언덕

위에 좁은 골목에 레스토랑, 바, 카페 등의 맛깔난 가게들이 즐비하다. 홍콩의 소호는 뉴욕의 소호 거리와 이름은 같지만 의미는 다르다. 홍콩 소호는 '헐리우드 로드의 남쪽 south of Hollywood'의 약자이기에.

김민경(가명)은 이른바 페이스북 스타다. 줄여서 '페북 스타'라고 부른다. 글이나 사진을 올리면 '좋아요' 친구만 수만 명을 넘어서는 인기인이다. 민경이 업데이트를 하면 금방이라도 마치 곁에 있던 사람들처럼 댓글을 달아주고 '좋아요' 버튼을 눌러준다.

민경의 직업은 바리스타. 직업상으로도 사람들을 만나고 대화하는 일이 많지만 온라인에서 더 인기가 많다. 하지만 민경에게 언젠가 들은 이야기가 있다. 온라인에서 만난 친구는 그저 온라인에서 만난 사이일 뿐이라는 게 요지다. 그녀는 자신의 취미생활이 페이스북이라고 했다. 사진만 찍어 올리는 건 인스타그램을 사용하긴 하지만 그래도 서로 소통하고 이야기하기엔 페이스북이 좋다는 예찬론자다.

"그래도 대단하다. 주말을 끼고 금토일 홍콩에 올 생각을 다 하고"

"그냥 심심하기도 하고, 할인항공권도 득템('아이템을 얻다'는 표현으로 공짜 혹은 엄청난 할인가격에 구했다는 의미)했거든"

"1박 3일이라고 했지?"

"응, 비행기에서 하룻밤 지내고, 여기선 하루만 자. 그래서 나 오늘 핸드폰 배터리도 두 개나 갖고 왔고, 휴대용 충전기도 갖고 왔어. 사진 많이 찍어 가려고."

찰칵. 찰칵.

"스마일~"

내가 앞장서고 민경이 바로 뒤에서 따라 걸어오는 중이었다. 민경의 손에는 셀카봉이 들려 있었다. 남자들의 낚싯대처럼 생긴 그것, 김민경은 자리를 옮길 때마다 예쁜 카페가 나타나기라도 하면 그 앞에 서서 카페를 배경 삼아 연신 셔터를 눌러대기에 바빴다.

민경과 내가 조금 사이를 두고 걸어가던 이유였다. 대부분의 남자들은 사실 셀카봉에 익숙하지 않다. 나도 마찬가지다. 주위 사람들이 바쁘게 오가는 상태에서 팔을 삐죽 내밀고 스마트폰 화면을 바라보며 행복한 표정을 짓는게 어색하다.

'이쪽인가? 오늘 소호에서 같이 가볼 데가 거긴데.'

소호에 가는 길은 MTR 센트럴 역에 내려서 D2 출구로 나가면 표지판을 따라 찾아가기 쉽다.

'여기 올 때마다 느끼는 것이지만 거꾸로 세워진 만리장성이 이런 느낌일까? 산 위로 에스컬레이터를 놓을 생각을 어떻게 했을까? 대단해, 정말!'

미드레벨 에스컬레이터는 사실 1993년부터 사용하기 시작한 건데, 경사진 산 지역에 사는 사람들을 위해 출퇴근용으로 만들었다. 800m에 달하는 세계 최장 야외 에스컬레이터이고, 영화 '중경삼림' 배경으로도 유명하다. 여기서 유명한 '피크카페바'에 가려면, 미드레벨 에스컬레이터를 두 번 타고 내린 후에 언덕을 향해 걸어 올라가다가 중간 정도 위치에서 만날 수 있다.

Peak cafe bar(山頂餐廳酒吧)

"다 왔다."

"아, 여기야? 우아, 예쁘다!"

찰칵. 찰칵.

연이어 터지는 셔터 소리를 뒤로 하고 가게 앞에 섰다. 입구가 두 개다. 오르막길에 자리 잡은 카페라서 그렇다. 안에 들어가면 2층 구조인 걸 알게 된다. 한쪽 벽면 자리에 앉으면 미드레벨 에스컬레이터를 관람할 수도 있다.

가게 안에 들어오면 의외로 가게가 꽤 크다는 걸 알게 된다. 길쭉한 타원형 테이블, 둥근 원형 테이블 여러 개가 놓였다. 가게 안에 들어와서 밖을 보면 미드레벨 에스컬레이터를 타고 오르는 사람들 행렬이 보인다. 가게 안에 앉아서 에스컬레이터를 타고 오르내리는 사람들과 눈이 마주친다. 하지만 그 시간은 짧다. 서로 얼른 시선을 피해준다. 애써 안 보게 된다.

"근데 이름이 왜 피크카페바야? 공원 카페 술집? 뭐, 이런 거야?"

"응? 아니, 아니."

그녀는 혼잣말로 질문을 한 듯했다. 민경에게 대답을 해주려고 내가 뒤를 돌아섰을 때도 그녀의 시선은 오로지 셀카봉 렌즈에만 맞춰진 상태였다. 잠시 헷갈린 것도 그때였다. 도대체 질문은 누구에게 한 것인지 스마트폰 카메라에게 한 것인지, 내게 물어본 것인지 말이다. 어쩌면 민경은 자기가 찍은 사진을 볼 페이스북 친구들에게 질문을 던진 것인지도 몰랐다.

"여기서 피크peak는 '정상'이란 의미야."

홍콩의 명물이랄까? 홍콩의 야경을 보기에 가장 전망 좋은 곳인 산 정상 '빅토리아 피크Victoria Peak'에 있던 카페를 그대로 옮겨 와서다. '피크카페바'는 사실 1947년부터 빅토리아 피크에 있었다. 그러다가 자리를 옮겨 소호거리로 왔다.

정확한 연도는 알 수가 없지만 애초에 있던 장소가 명소가 되면서 임대료도 치솟고 여러 가지 요인이 있었던 게 아닐까? 물론 지금 소호 쪽에 옮겨온 이후로 랜드마크가 되면서 더 성장을 했으니 오히려 잘된 일이다. 실내 분위기, 인테리어 모든 걸 그대로 옮겨왔고 사람들도 소호에 있는 피크카페바를 기억하니 말이다.

'한 가지 아쉽다면 뷰View가 달라졌다는 건데. 산 아래로 보이는 전망을 감상할 수 없다는 게 안타깝긴 하지.'

하지만 사람들이 여전히 피크카페바를 찾는 이유는 바로 '동양과 서양이 만난다'는 'East meets West'의 모토 덕분 아닌가 생각해본다. 중국과 동남아시아풍의 음식들, 그리고 서양의 피자와 스파게티류의 메뉴로 구성된 차림표만 봐도 고개를 끄덕이게 된다.

가게 내부엔 동양의 전통 그대로의 역사를 느낄 수 있는 인테리어, 동시에 서양의 조명과 문양이 가게 바닥과 여러 곳에 혼재되어 있다. 가게에 오는 손님들도 그래서일까, 아시아인과 서양인이 서로 같이 어울린다. 피크카페바의 매력이 여지없이 드러나는 순간이다.

'가게 손님들 중엔 아시아인보다는 서양인이 압도적으로 많네? 서양인들의 입맛에 맞는 메뉴가 있지만 가게 내부는 동양 특유의 정서가 있는 곳이라서 그렇군.'

가게 안에서 인테리어를 살펴보자. 가게 주방과 테이블 위치, 벽면, 바닥 등 곳곳에 동양적 인테리어 요소들이 다채롭다는 걸 느낀다. 중국의 전통이 그대로 묻어나는 분위기다. 그래서 외국인들이나 홍콩인들에게 더 유명한 곳이 되었다.

아침 11시부터 영업을 시작해서 밤늦은 새벽 2시까지 문을 열어두는 가게, 저녁 무렵이 되면 사람들이 더 몰려든다. 서양인들이 대부분이다. 화덕에서 구운 피자도 특색이다. 오랜 전통을 지닌 홍콩의 어느 집에 놀러온 기분이랄까? 하지만 음식은 다양하다. 중국 음식은 물론이고 아시아 요리, 파스타, 스테이크 등 서양 요리도 가능하다.

월요일부터 금요일까지는 아침 11시부터 새벽 2시까지 영업, 토요일은 아침 9시부터 새벽 2시, 일요일 및 공휴일은 아침 9시부터 자정까지 영업한다. 가게 위치는 센트럴 소호, 셸리Shelley 스트리트 9-13에 있다.

## 1. 반드시 지켜야 하는 자리는 없다.

가게 임대료를 고민해본 적이 있다면 권리금에 대해서도 신중하게 생각해야 한다. 대부분 다소 무리한 조건의 보증금 얼마에 월세 얼마를 내고 장사를 하면서도 '나중에 권리금으로 받으면 되겠지?'라는 생각을 하며 자신을 안심시킨다. 가게 인테리어를 할 때도 마찬가지다. '나중에 권리금'으로 받으면 될 거라는 생각을 한다. 그래서 건물 주인이 가게 임대료를 올려도 섣부르게 그 장소를 떠날 생각을 못하게 된다.

'지금까지 여기에 투자한 게 얼마인데?'

'나중에 받을 권리금이 얼마인데?'

혼자 고민하다가 적절한 이사 시기를 놓치는 실수를 하게 된다.

생각해보자. 권리금은 미래의 일이다. 본인이 원하는 금액만큼 권리금을 주겠다는 사람도 없는 상태다. 업계 관행상 시설투자비 정도는 권리금으로 쳐준다는 생각도 본인만의 생각이다. '바닥권리금'이라고 해서 겉으로 내세우는 권리금 없이 가게 임대료를 높이는 방식으로 건물주와 이면에서 주고받는 돈이 있기는 하지만, 그것도 생각처럼 될 가능성은 높지 않다. 한마디

로 말하자면 '생기지 않은 돈을 기대하며 지금 돈을 더 쓰는 형국'이 된다. 가게 장사를 할 때 대표적으로 저지르는 실수다.

그래서 가게를 열 때는 언제든지 떠날 수 있는 전략을 세워둬야 한다. 가게 장소를 띄울 게 아니라, 가게를 띄우고 알려서 나중에 가게가 이사 가더라도 손님들이 따라오게 만들 채비를 해야 한다.

가게가 잘되면 건물 가격이 오른다. 그만큼 유동인구가 유입되기 때문이다. 결과적으로 잘되는 가게 하나만 잡으면 건물주로서도 이익이 되는 셈이다. 당신의 가게가 잘된다면 건물주는 임대료를 낮춰주고 보증금을 줄여줘야 정상이다. 당신이 가게를 잘 운영하는데 건물주가 와서 임대료를 올려달라고 할 이유가 없다.

당신의 가게가 잘되는데 '가게를 비워달라거나 임대료를 올려달라'는 건물주라면 '건물주가 직접 장사하겠다'는 얘기다. 당신의 가게가 아직 자리를 잡지 못했고 더 노력해야 하는데 건물주가 '가게를 비워 달라'고 했다면 '당신을 내보내고 장사 잘하는 사람에게 가게를 다시 내주겠다'는 의미가 된다.

고로 결론은 한 가지다. 당신의 가게는 옮길 준비를 하고 그 자리에서 장사를 해야 한다. 장소에 연연하지 말고 손님에게 연연하자. 손님은 가게를 찾아오는 것이지 건물을 찾아오는 게 아니다. 가게와 손님이 만나는 것이지 건물주와 손님이 만나는 게 아니다. 손님을 당신 편으로 만들자. 손님이 당신 가게를 지켜준다.

## 2. 음식은 손님에 맞게, 분위기는 가게만의 취향대로

가게에 일부러 찾아오는 손님들은 딱 두 가지다.

'거기 음식이 맛있어.'

'거기 분위기가 좋아.'

그래서 잘되는 가게는 분위기도 좋고 음식도 좋다. 사람들이 필요로 하는 두 가지 요소를 모두 꿰찼기 때문이다.

그런데 위 두 가지 중에 어느 한 가지 부족하면 어떨까? 물론 그래도 장사는 된다. 분위기가 좋은데 음식은 별로인 가게일지라도 손님은 찾아온다. 분위기를 공유하려는 사람들과 같이 온다. 음식은 간단한 커피나 차 종류만 마시고 갈 뿐이다.

반대로 음식은 맛있는데 분위기가 별로인 가게라면 어떨까? 그래도 손님들은 찾아온다. 분위기는 별로지만 그 가게에서만 맛볼 수 있는 음식을 먹으러 온다. 기꺼이 줄을 서기도 한다. 따라서 대박이 나려면 음식이면 음식, 분위기면 분위기 어느 것 하나를 반드시 잡아야 한다.

가장 이상적인 조건은 다시 오고 싶은 분위기를 만들고, 음식은 손님 취향에 맞게 제공하는 전략이다. 분위기를 선호하는 손님을 잡고, 음식을 선호하는 손님을 추가하는 전략이다. 그 이유는 테이블 회전율 때문이다.

분위기를 선호하는 손님들은 혼자 오는 경우도 많다. 와서 분위기를 즐

기다가 배가 고파지면 다른 데로 간다. 간혹 먹을 음식을 가져오는 경우도 있지만 그건 가게 영업방침으로 미리 막으면 된다.

음식을 선호하는 사람들은 혼자 오는 경우보다는 여럿이 온다. 자연히 이야기가 길어지고 테이블 점유시간이 늘어난다.

## 3. 그 가게엔 항상 새로운 메뉴가 있다.

페이스북을 통해 사람들과 소통하는 가게다. 새로운 메뉴를 소개하고 날씨와 계절에 따라 추천 메뉴를 알려준다. 가게가 멈추지 않고 항상 새롭고 살아있다는 생명감을 만들어주는 전략이다. 멈추지 않는다는 느낌, 사람들이 항상 새로운 곳을 찾고 새로운 걸 원하는 것과 일맥상통한다. 페이스북의 친구들 수가 급속도로 늘어나도 일일이 이메일을 보내거나 문자를 보내지 않는데도 불구하고, 글 하나만 올려도 수백 명, 수천 명의 페이스북 친구들이 피크카페바의 새로운 메뉴와 추천 메뉴 소식을 보게 된다.

피크카페바를 다녀간 사람들의 SNS 계정엔 어김없이 그날 그들이 먹은 요리 사진과 다녀간 기억들이 올라간다. '피크카페바'의 손님들이 그들의 친구들에게 다시 피크카페바를 소개하는 순간이다. 누가 시켜서 돈을 주고 부탁한 게 아니다. 그들만의 추억을 얻은 시간과 공간에 대해 친구들과 기꺼이 다시 나누는 것뿐이다.

# 13

# 부드럽고 달콤하게
# 트렌드에 맞춘 아이템으로 변신하다

⋮

SHOP. 오래된 과자가게, 키와빙가(奇華餠家)

숙소를 나서면서 민경이 머무는 호텔로 연락을 했다. 그날 업무를 마치고 저녁 식사라도 같이 하고 보내면 좋을 것 같아서다. 첫날은 사진만 찍느라고 고생했다면 마지막 날엔 뭔가 기억될 만한 쇼핑을 해보는 것도 제안해주고 싶었다. 어쩌면 민경은 이미 뭔가 사고 싶은 물건을 정리해뒀을지도 모르는 일이었다.

1박 3일로 짧은 홍콩 여행을 다녀가는 민경을 위해 기억될 만한 선물 하나를 챙겨줄 심산이었다. 홍콩에 온 첫날은 여행가방을 준비하느라 잠도 제대로 못 잔 상태에서 인천공항에 새벽 6시에 나왔다는 얘기를 들었다.

"오늘 출국 비행기 몇 시라고 했지?"

"새벽 0시 30분. 나 비행기에서 자야 해. 그럼 나 언제까지 홍콩에서 놀 수 있어? 최대한 홍콩에서 구경하다가 비행기 출발 시각까지만 안 늦게 가고 싶은데? 아, 맞다! 나 선물도 사 가야 하는데."

"선물?"

"페이스북 이벤트 걸었거든. 우리 페친들에게 '좋아요' 달아준 사람들 중에서 몇 명 추첨해서 홍콩 다녀온 선물 챙겨준다고 했는데, 뭘 줘야 할지 고민이야. 뭐 없을까?"

"페친은 뭐야? 혹시 '페이스북 친구'를 말하는 거야?"

"딩동댕."

온라인상에서 만난 친구들, 아니 지인들이란 얘기다. 실제로 만난 적은 없지만, 온라인상에서 서로 안부를 주고받고 사진을 교환하고 이야기를 나누는 친구들을 말한다. 그들에게 뭔가 선물을 주기로 했다는 얘기다.

"그러면 좋은 데가 있어."

"뭔데? 응? 어딘데?"

"남자, 여자 모두에게 기억될 만한 거야."

"호텔에서도 멀지 않으니까 가방은 호텔에 잠시 맡기고 다녀오자."

민경과 전화를 끊고 잠시 스마트폰을 열어 홍콩 지도를 검색해봤다. 선물을 구입하기 전에 식사할 장소가 호텔로부터 얼마나 거리가 떨어진 곳인지, 택시를 타고 가야 할지 MTR을 타고 가야 할지 확인했다.

    선물을 살 곳은 식사할 장소에서도 그렇게 멀지 않은 거리였다. 식사를

할 식당이 있는 MTR 침사추이尖沙咀 역에서 D1 출구로 나오면 길 건너 건

물에도 있었고, L5 출구쪽에도 있었다.

    드디어 도착.

    "우아! 여기 엄청 귀여워!"

    식사를 마치고 들른 가게는 '기와빙가奇華餅家', 귀엽게 생긴 곰들이 진열대 유리창 밖으로 얼굴을 내민 게 보인다면 이 가게가 맞다. 아담한 가게 모습에 뻥 뚫린 진열대 모습이 전부인 곳, 가게 밖 한 귀퉁이엔 '기화 베이커리'라고 쓰인 나뭇잎 표지판이 걸린 곳이다.

"들어가 보자. 마음에 들기 바래."

가게 안으로 들어가 보자. 가게 밖에서 가게 안을 들여다볼 때와 다르다. 가게 안에 들어서자마자 아기자기한 과자 포장들이 한눈에 쏙 들어온다. 펭귄이 날개를 펴고 금방이라도 달려올 듯한 그림의 과자도 있지만, 판다 얼굴이 단연코 많다. 대나무 밭에 앉은 판다부터 판다 얼굴, 웅크린 모습의 판다 과자 등 모양도 각양각색이다.

"와! 판다 대박인데? 여기 판다 과자가 왜 이렇게 많아?"

민경은 마치 자기가 판다 숲에 들어온 것처럼 하나씩 조심스럽게 과자들을 살펴보기 시작했다. 수북이 쌓인 판다 과자를 보고 가격이 얼마인지, 어떤 과자들이 있는지 몰라도 걱정은 없다. 과자들마다 그 앞에 가격표를 붙여뒀고 가게 안에 모든 과자들은 포장된 것 따로, 포장을 열어 안에 내용물을 보여주는 것 따로 진열된 상태이기 때문이다. 맘에 드는 과자를 골라서 깨끗하게 포장된 걸 가져가면 그걸로 오케이.

'여긴 제과점이야?'

민경이 작은 목소리로 물어본다. 맞다. 하지만 단순히 과자만 파는 데라고 알면 안 된다. 가게 안 한쪽엔 음료수가 든 냉장고가 있고, 그 옆엔 바로 사서 먹을 수 있는 과자랑 빵도 놓여 있다.

선물용으로 많이 사가는 판다 과자는 포장 상태로, 그 밖에 다른 과자나 빵은 바로바로 사서 먹을 수 있는 상태로 팔고 있다. 아이 손님의 취향을 저격한 귀여운 과자도 다양하게 준비되어 있다.

하지만 기화병가의 히트 아이템은 단연코 판다 과자. 물끄러미 바라보는 표정의 판다 얼굴이 커다랗게 그려진 케이스를 들고 있으면 과자를 산 것인지, 캐릭터 판다를 산 것인지 헷갈릴 수도 있으니 주의하자.

"근데 여기 어떤 아이템이 인기야?"

판다 과자를 한바구니 담고 서 있는 그녀였지만, 히트 아이템을 더 골라 달라는 얘기다. 아마도 선물을 줄 사람들 중에서도 누군가에겐 좀 특별한 걸 주고 싶은 모양이다.

"파인애플 쇼트쿠키."

"파인애플? 아, 이거?"

1938년에 시작된 기화빙가는 이젠 홍콩 전역 어디에서나 볼 수 있는 인기 가게다. 수고를 들이지 않고도 언제든 주위에서 찾을 수 있다는 얘기다. 여러 가지 홍콩스타일의 전통과자 종류도 많다. 다양한 메뉴를 팔지만 그중에서도 특히 인기는 판다 쿠키, 파인애플 쿠키다. 이외에 인기를 얻는 중인 걸 고르라면 펭귄 쿠키를 이야기할 수 있다.

판다 쿠키를 사서 케이스를 열어보자. 한쪽에 아홉 개씩 양쪽으로 구분되어 18개가 들어 있다. 왜 20개가 아니고 18개일까? 중국어로 18이 '열 십什'과 '돈을 벌다'라는 의미의 '파차이發財'가 더해지면 '什發'과 발음이 같아 '10배의 돈을 모으다'란 의미로 해석될 수 있기 때문이다. '재산을 10배 더 모으세요'라는 메시지를 담고 있는 셈이니, 주는 사람이든 받는 사람이든 기분이 좋을 수밖에 없다. 한국어에서 18은 욕이지만 중국어에서 18은 의미가 다르다는 점을 염두에 두자.

"여기 이렇게 개별 포장이 되어 있어!"

그녀가 판다 쿠키 세트를 꺼내 들고 뚜껑을 열어 내게 보여줬다. 그 안에는 귀여운 판다가 웅크린 모양 그대로의 과자들이 개별 낱개 포장된 상태로 담겨 있다. 쿠키는 여자 손 안에 쏙 들어오는 크기, 보통 성인 여자 손바닥 절반 정도의 크기보다 조금 더 작다.

"이거 봐! 내 손보다 작아. 엄청 귀여워."

"하나 먹어보자."

"우아! 이거 무슨 맛이지? 아, 부드러운 크림 같아. 굉장히 부드러운데? 그리고 달아. 완전 달달. 안 되겠다. 하나만 더 먹어야지."

투명한 유리 재질로 포장되어 있는데, 진공 포장은 아니고 안에 질소라도 든 걸까? 그녀의 손안에서 드러나는 판다들을 보면서 부드러운 상태를 유지하는 그 맛의 비밀을 생각해본다. 한눈에 보기에도 포장이 약간 도톰하게 부푼 상태다.

안에 든 판다 과자가 숨을 쉬는 것도 가능하겠다는 느낌이 든다. 민경은 얼굴에 활짝 웃음을 지어 보이며 판다 쿠키 세트를 하나 더 골랐다. 케이스 겉에 그려진 판다만 바라보면 민경의 품에 귀여운 판다 서너 마리가 안긴 모습 같아 보이기도 했다.

## 1. 동물 캐릭터를 쿠키에 넣다.

1938년은 세계2차대전이 끝나기 7~8년 전이다. 전쟁의 참혹함 속에서 사람들의 먹거리로 시작된 쿠키 가게가 어엿한 성공기업이 되려면 가게를 상징하는 그 무언가가 중요했다. 중국인으로서 스스로를 잊지 않고 버텨낼 무언가였고, 중국인들을 하나로 만들어줄 공통된 상징이기도 했다. 그래서 판다 캐릭터 쿠키는 어쩌면 오래도록 지속될 수밖에 없는 기화빙가의 전략이 되기에 충분했다.

특히 동물 캐릭터와 쿠키는 여성들과 아이들에게 꿈을 심어주고 동심을 유지할 수 있는 수단이기도 했다. 시간이 흘러 경제 성장을 이루고 정치·경제적으로 사회가 격변하더라도 어릴 때의 추억은 그대로 변하지 않는 것처럼, 어릴 때 캐릭터 쿠키를 먹던 사람들이 커서 어른이 된 후에도 캐릭터 쿠키를 자기 아이들에게 여전히 사주게 되었다.

그 아이들이 어른이 되었을 때에도 마찬가지다. 그 아이들이 다시 어른이 되면 캐릭터 쿠키를 잊지 않고 또 대물림할 게 분명하다. 쿠키라는 과자는 변하지만, 동물 캐릭터는 변하지 않고 여전히 아이들 곁에 머물기 때문이다. 동물원에서 만나고 책에서 만나며 TV에서 만나는 동물이 캐릭터 쿠키로 남아 있는 한 말이다.

### 2. 여자 손보다 작은 크기로 만들다.

쿠키의 크기는 여성의 손바닥보다 작아야 한다. 쿠키를 자주 찾는 손님은 아이를 동반한 여성들이므로, 일반 성인 여성의 손보다 작아야만 아이들 손에 꼭 들어가는 알맞은 크기가 된다. 쿠키를 쥔 여성이 옆에 아이에게 건네주는 쿠키가 되어야 한다는 얘기다. 또한 아이의 입에 쏙 들어갈 정도의 크기여야 한다. 쿠키의 크기가 중요한 이유다.

작은 손과 작은 입안으로 들어가려면 성인 남자 손에 어울리는 크기여선 안 된다. 여자 손보다 조금 더 작은 크기가 되어야 하고, 여자가 손 안에 감추고 아이에게 '뭘 줄까?' 퀴즈를 내며 장난칠 수 있는 작은 크기여야만 한다. 쿠키는 식사대용으로 먹는 게 아니라 간식거리로, 군것질로 먹는 경우가 대부분이기 때문이다. 군것질을 할 때나 간식을 먹을 때란 여성들이 아이들이랑 놀아줄 때 재미있는 게임의 대가로 쿠키를 줄 수 있는 경우다.

### 3. 부드럽고 달콤한 맛을 대표하다.

쿠키는 부드럽다. 아니, 부드러워야 한다는 걸 내세운 경우다. 쿠키는 남자보다 여자가 더 즐기고, 아이들도 즐긴다. 쿠키가 진가를 발휘하는 순간

은 입안에서 혀와 뒤섞일 때이고, 그러려면 혀만큼 부드러워야 한다.

손님이 쿠키를 입에 넣고 먹기 시작할 때 낯선 이물감이 느껴지면 안 되기 때문이다. 입안에 넣는 순간 녹아 사라지는 느낌을 줄 정도로 혀처럼 부드러워야 한다. 그래야만 쿠키를 먹는 손님들이 자기 입안에 넣은 게 과자가 아니라 그저 당연히 내 몸에 어울리는 것이라고 생각하게 된다.

# 14
# 가게 역사가 짧다면,
# 지금부터 역사적인 메뉴를 만들어 보세요

.
.
.

SHOP. 우연한 만남이 역사가 되는 자리, 호놀루루 커피(檀島咖啡餅店)

"이런 날씨는 어쩐지 어느 커피점에 앉아 있다가 그 앞을 우연히 지나가던 첫사랑을 만나는 것도 가능하고, 그 사람과 다시 사랑에 빠진다고 해도 다른 사람들이 충분히 이해해줄 만한 날씨 아니겠어?"

더운 여름 날씨가 이어지는 홍콩에서 쾌적하고 맑은 하늘을 보기란 생각처럼 쉬운 게 아니다. 여름철엔 특히 많은 태풍과 비로 인해 건물 사이 육교로만 다녀야할 때도 많고, 홍콩 애경을 구경하러 온 사람도 희뿌연 안개 낀 밤하늘만 보다가 귀국하는 일이 없지 않아서다.

한국의 겨울 시즌에 홍콩에 오면 쾌적한 한국의 가을 날씨를 경험할 수 있게 되는데, 맑고 쾌청한 하늘 아래에서 홍콩 시내를 걷다가 맞은편에서 걸어오던 누군가와 만나는 상상을 하게 된다.

사실 우연한 만남이란 것도 인생에서 드문 일만은 아니지 않은가? 대학 시절 마음에 두었던 어느 여학생을 지하철역에서, 명동에서, 강남역 주변에서 우연히 만나는 일 따위도 가능하다. 경험상으로도 한국에서 만난 일본인 대학생 아키노리를 수년 후에 일본에 출장 갔을 때 아침 출근길 지하철 바로 앞좌석에서 졸고 있는 모습으로 만났던 기억도 있다.

뉴질랜드 공항에서 만난 살레후딘 가잘리도 그러했다. 서울에서 열린 국제행사를 통해 알게 된 말레이시아 남자 살레후딘 가잘리. 4년이 지난 어느 가을에 오스트레일리아도 아닌, 뉴질랜드 오클랜드 공항에서 만난 기억도 있다. 비행기를 타려고 구두끈을 다시 메고 일어섰을 때 정말 거짓말처럼 내 눈 앞에 떡 하니 서 있던 그 당시 상황은 그로부터 십여 년이 흐른 뒤에도 잊지 못하니 말이다.

나는 뉴질랜드 여행 중이었고, 살레후딘 가잘리는 오스트레일리아에서 열리는 국제회의에 참석하기 위해 말레이시아에서 왔는데, 마침 2일 정도 시간이 남아서 짬을 내어 혼자 뉴질랜드로 여행을 온 날이었다. 그렇게 두 남자가 한국도 아니고 말레이시아도 아닌, 뉴질랜드에서 만나게 될 줄이야 누가 알았을까?

'세상엔 참 기막힌 우연도 많아!'

그래서 난 숙소로 바로 돌아가기 전에 MTR 완차이灣仔 역에 내려 조금 걷기로 했다. 이 모든 게 날씨 때문이라고 여기기로 했다. 왜 갑자기 쾌청하게 좋아서 남자 심장을 흔들어 놓는가 말이다. 그것도 영화 〈수지 웡의 세상The World Of Suzie Wong, 1960년 작, 감독: 리처드 퀸 감독, 출연: 윌리엄 홀든, 낸시 콴〉과 〈크로싱 헤네시月滿軒尼詩, Crossing Hennessy, 2010년 작, 감독: 안서, 출연: 장학우, 탕웨이〉가 갑자기 떠오르게 된 이유다.

'〈수지 윙의 세상〉에서 로버트 로맥스(윌리엄 홀든 역)가 저렴한 방을 얻기 위해 완차이에 오는데 대부분의 장면들이 침사추이와 센트럴 쪽을 오가는 스타페리Star Ferry에서 촬영된 거네. 1960년대 영화인데 그 당시엔 여기가 홍콩에서 그다지 유명하진 않았던 모양이야.'

영화 생각을 하면서 걷는 중에 완차이 동네가 한눈에 들어왔다. 말끔하게 정리된 거리, 세련된 주택가 골목들, 누가 보더라도 이젠 여기가 잘사는 동네가 되었음을 알 수 있었다.

리처드 퀸은 우리에게 〈형사 콜롬보Columbo, 1971년 작〉 드라마를 연출했던 감독으로도 유명한 사람인데, 지금까지 기억하는 걸 보면 영화 한 편의 영향력이란 게 참 대단하다.

완차이 거리엔 오늘도 홍콩 사람들이 바쁘게 움직이고 있었다. 신호등을 건널 때마다 빨간색과 초록불이 번갈아 바뀌면서 귓가를 울리는 맑은 종소리가 들렸다. 발걸음을 재촉하는 자명종 같기도 했다.

〈크로싱 헤네시〉는 소개팅으로 만난 남녀 이야기다. 이 영화에는 한국산 가전제품의 품질이 좋다는 얘기도 나오고, 여기 완차이 동네 곳곳이 나온다. 그러고 보면 완차이는 홍콩 현지인들이 즐겨 찾는 지역이다. 홍콩에서 여러 지역들 중에 가장 일찍 개발된 곳이기도 한데, 여기에 오면 홍콩에서 가장 오래된 우체국도 볼 수 있다. 지난 1997년인가? 홍콩이 영국에서 중국으로 반환되는 해에 기념식이 열리기도 한 장소다. 홍콩컨벤션센터 앞 광장에서였다.

'관광객들은 센트럴中環, Central과 커즈웨이베이銅羅灣, Causeway Bay를 주
로 다니면서도 희한하게 여기 완차이灣仔, Wan Chai엔 들르는 경우가 드물더
라. 하긴 홍콩이 영국식민지 시기였던 1841년경에도 센트럴은 무역 금융 중
심지였으니까 세계 사람들이 더 많이 방문했을 수는 있지.'

그렇게 완차이 거리를 걸으며 생각에 빠진 것도 잠시, 드디어 어느 가게
앞에 섰다.

'여기다. 〈크로싱 헤네시〉에서 탕웨이와 장학우가 만난 곳.'

사진ⓒ조은별

길을 걷다가 노란 간판이 붙은 베이커리가 보인다면 '호놀루루 커피檀島咖啡餅店'에 온 게 맞다. 왠지 모르게 안으로 들어가면 영화배우의 감성을 느껴보게 되는 곳, 마치 지금 저 가게 안 어디에서 탕웨이가 혼자 밀크티를 마시고 있으면 다가가서 사인을 받아야 할지 말아야 할지 망설이게 되는 곳이다. 쾌청한 이날 홍콩 날씨만큼이나 밝은 얼굴의 홍콩 사람들이 담소를 즐기는 가게인 것은 분명했다.

사진ⓒ조은별

안으로 들어가 보자. 노란색 에그타르트가 눈앞에 펼쳐지고, 그 바로 옆에 파인애플 빵이 보인다. 두툼하고 겉이 파인애플 껍질을 닮아서 이름이 붙은 거 같은데, 노릇하게 구워진 빵 표면만 봐도 식감이 느껴졌다.

가게 안을 둘러보면 밝은 톤의 조명에 훤하게 뚫린 공간으로 느껴진다. 손님들 표정도 밝고, 네모 모양이거나 동그란 테이블과 의자들, 가게 벽에 걸린 빨간 잉어 그림 액자까지, 왠지 모르게 활기찬 느낌이 가득하다. 테이블 위마다 메뉴판 색깔도 노랗고, 천장 조명이 주황색이라서 그런가?

작아 보이진 않는 가게 내부인데 거리에 도로변 창을 그대로 통유리 벽으로 만들어 빛이 가게 안까지 들어오게 만든 덕분이기도 했다. 가게 안에 앉아 있지만 도로변 사람들과 같이 있는 느낌, 가게 안에서 거리가 그대로 보인다는 게 장점이다.

오픈된 주방에서 노란 그릇들이 수북이 쌓여 있다가 주문과 동시에 서빙 된다. 에그타르트와 파인애플 빵은 흰 접시에, 밀크티는 노란 컵과 노란 접시에 담아내온다. 그러고 보니 에그타르트가 노란색이고 파인애플 빵이 노란색인데 접시가 하얗다. 파인애플 빵 안에 든 치즈 조각은 노래서 일부러 가게 주인이 노란색을 통일시키기 위해 맞춘 걸까 싶다.

사진ⓒ조은별

'아까 MTR 완차이 역에서 나와 스탠다드차타드 은행 골목 안으로 들어온 것 같은데 어쩌다 보니 호놀루루까지 왔네. 이젠 나도 홍콩 사람 다 된 모양이야.'

그도 그럴 것이 벌써 50년 이상의 세월을 홍콩 사람들과 함께하며 지내온 호놀루루이기에 그렇다. 차와 요리가 있는 곳이란 의미의 '차찬텡茶餐廳'은 우리말로 하자면 '분식집 혹은 카페' 정도의 의미인데 그동안 이어져 내려온 역사가 반세기가 넘었다는 건 홍콩 사람들에게 인정받은 가게라는 뜻 아닌가? 호놀루루에 스스럼없이 자연스럽게 찾아온 나 역시 누구든지 홍콩의 문화에 깊이 매료될 수밖에 없다는 걸 증명하는 듯했다.

사진ⓒ조은별

"미니 카운터도 있네? 이따가 빵을 좀 사가야겠어."

에그타르트와 파인애플 빵을 주문했다. 호놀루루에 온 이상 인기 아이템 시식은 필수다. 테이블에 앉아 주위를 둘러보니 사람들이 꽤 많다. 평일 오전 무렵임에도 여기저기 사람들이 모여서 뭔가 대화를 나누는 모습들이다. 호놀루루가 아침 6시부터 영업을 시작해서 밤 12시까지 문을 여는 곳인데 매 시간대마다 한적한 느낌은 별로 없는 듯하다.

'여기 벽에도 금붕어 그림이 있네?'

대만에서도 본 기억이 있다. 중화권 나라에 가면 거리마다 금붕어 가게가 많다. 손님들은 금붕어를 짝수로 구입하는데, 빵빵해지도록 공기를 주입한 반쯤 물이 담긴 반투명 비닐봉투에 넣어간다. 빨간색과 붉은 비늘이 돈과 행운을 가져다 준다 믿기 때문이다. 호놀루루 가게 안에서 빨간 금붕어 그림을 보게 된 것도 다 같은 인식 때문 아닐까.

호놀루루는 완차이의 헤네시 도로Hennessy Rd.에 있다. 그러고 보면 영화 〈크로싱 헤네시〉에서 탕웨이와 장학우가 처음 만나는 호놀루루 커피점이 바로 여기 헤네시에 있었다. 어쩐지 주위를 둘러보게 되는 것도 다 이유가 있을 법했다. 어디에선가 탕웨이 같은 여성이 다가와서 '어머, 여기 장학우 같은 남자가 계셨네?' 하지 않을까(혹은, 그래주기를 바라는) 기대 심리 같은 거다.

하지만 결과는 역시 나 혼자. 에그타르트의 페스트리가 입술에 조금씩 묻어도 눈치 볼 사람 없고, 파인애플 빵 사이에 끼운 두꺼운 버터를 빵과 함께 씹어서 밀크티를 마시면서 목구멍 안으로 넘기며 꿀꺽 해도 혹시나 소리가 들릴까 배려해줄 사람이 없어서 편하다. 주위 다른 테이블에서 들리는 남녀의 달콤한 밀어蜜語들은 혼자 식사를 하는 사람들에겐 그저 지나가는 바람과 같은 존재였다.

호놀루루 커피(檀島咖啡)의
성공비결

## 1. 사람들의 일상 속 잠깐의 시간을 공략하다.

언뜻 보면 평범한 패스트푸드점이나 분식집의 모양새다. 메뉴 구성 측면
이나 인테리어에서도 비슷하다. 그런데 호놀루루가 처음 문을 연 장소를 생
각해보면 완차이 지역이라는 점, 1960년대에 미국 영화에 등장할 정도로
서양인들에게 익히 알려진 곳이었다는 점을 알 수 있다. 홍콩에 발을 디딘
서양인들이 들러 식사와 음료를 나누며 이야기하던 곳이었다. 그들이 원했
던 것은, '호놀루루'라는 상호에서 느껴지는 하와이의 평화로운 해안가에서
즐기는 식사인 셈이었다. 현실은 모국을 떠나 홍콩에서 즐기는 식사였지만.
이후 호놀루루는 홍콩에 와서 완차이 지역에서 살아가는 서양인들의 일과
담소를 나누는 자리가 되었고, 점차적으로 서양인들과 거래하는 홍콩인들
도 들르게 되는 장소가 되었다. 시대적 차이에도 그들 사이에 공통점이 있
는데, 바로 '간단한 식사와 함께 나누는 대화'다.

점심 식사 때를 놓친 사람들이 일하면서 들를 수 있는 가게이자, 홍콩에
머무는 서양인들이나 홍콩에서 세계의 사람들과 일하는 사람들이 부담 없
이 들를 수 있는 대화의 장소가 된 경우다.

제대로 갖춰진 점심 식사 장소나 느지막하게 즐기는 브런치 가게도 아니다. 그렇다고 저녁 식사 무렵 하루 일과를 마치고 들르는 풍성한 메뉴의 식당도 아니다. 호놀루루는 하루 일과 중 바쁜 사람들이 간편하게 들러 간단한 요깃거리와 함께 대화를 나누는 최적의 장소다.

## 2. 영화 속에서 이름을 알리다.

호놀루루는 일찌감치 영화 속에 등장하면서 홍콩 외에 여러 나라에 알려지면서 유명해졌다. 1960년에 개봉한 미국 영화에 등장했고, 2010년 홍콩 영화에도 등장하면서 동시대 탑스타들이 머문 자리가 되었다. 스타들을 기억하고 좋아하는 이들이 호놀루루에 대해 더 깊이 인식하게 된 계기가 되었다.

영화 속에 등장한다는 건, 단순히 가게 위치를 알려주고 홍보를 하는 차원 이상의 것이다. 가게에 스토리가 담기게 되고 스타들이 다녀간 장소에서 가게의 이미지가 만들어지게 된다. 어느 장소에 어느 가게가 있다는 것을 넘어, 어느 가게가 어떤 스토리로 기억된다는 효과가 더 크다. 호놀루루는

1960년에 한 번, 2010년에 또 다시 영화 속에 등장하면서 반세기에 걸쳐 스토리가 이어지게 되었다.

### 3. 소소한 이야기의 중심이 되다.

호놀루루에선 무거운 이야기를 나누기 어렵다. 에그타르트와 파인애플 빵을 앞에 두고 밀크티를 마시면서 어떤 이야기를 할까? 친구들 사이에 즐거운 이야기다. 남녀 간에 사랑 이야기다. 달콤하고 새콤한 이야기여야 한다.

가게의 메뉴를 기억하는 사람들은 자기가 할 이야기에 걸맞은 가게에 가기 마련이다. 그래서 호놀루루에 오는 사람들은 짧은 이야기를 나눈다. 보다 진지한 이야기는 나중에 저녁에 다시 만나서 할 수 있다는 걸 안다. 업무 이야기를 할 때도 밝은 분위기에 나누고 어떤 사람들과도 가볍고 즐거운 이야기를 하러 호놀루루에 온다. 가게 전체가 항상 밝고 건강한 이야기만 들리게 된다. 이런 점들은 다른 이들에게도 좋은 영향을 주기에 지속적으로 사람들이 모여들게 된다.

# 15

# 보통? 곱배기?
# 그리고 또 다른 사이즈를 만들어 보세요

SHOP. 손님 양대로 사이즈를 주문하는 식당, 에스엠엘(SML)

유명 식당이나 맛집에 가면 즐겁다. 눈에 익숙한 메뉴는 '여기서 어떤 맛일까?' 궁금하고, 처음 보는 메뉴는 '어떻게 만들어졌을까, 이게 무슨 맛일까?' 궁금하다. 가능하다면 그 가게에서 파는 모든 걸 먹어보고 싶은 느낌, 의욕이 충만하다.

그런데 현실은? 가장 마음에 드는 것 하나만 골라야 되니 안타깝다. 하지만 이런 내 심정과는 다르게 맛집에 왔다는 인증샷을 찍기 위해 신경 쓰는 사람도 있다.

"넌 아까부터 식사는 안 하고 무슨 사진만 그렇게 찍어대니?"

"먹는 게 남는 거랬잖아? 사진으로 남겨둬야지."

"어우, 그게 그 소리야? 먹는 게 남는 거랑 사진 찍는 거랑 무슨 상관이야? 너 진짜 웃긴다. 먹는 게 남는 거란 얘기는 먹어두라는 얘기지, 사진 찍으란 소리야?"

"아니, 이를테면 그렇다 이거지. 내가 보기에도 음식이 예뻐 보이니 얼마나 맛있을까? 어느 맛집에 가면 그 가게에서 파는 메뉴란 메뉴를 정말 다 먹어보고 싶긴 한데 살찔까 그러지도 못해. 그래서 여기서 그냥 사진이나 찍어서 기념하자는 거야. 그거 알아? 여자들 중에는 나처럼 더 먹고 싶어도 안 먹는, 아니지, 못 먹는 여자들이 얼마나 많은데. 여자들이 식당에서 밥 먹을 때도 왜 반만 먹고도 배부르다며 남기는 줄 알아? 남자들은 몰라. 여자들에게 다이어트란 평생의 골칫거리야."

"넌 살쪄도 예뻐."

송혜교(가명)가 피식 웃었다. 왠지 내가 여자에게 칭찬받을 소리를 한 거 같다. 한 미모 하는 그녀는 홍콩에서 파견 근무 중인 디저트 개발자다. 국내에 모 프랜차이즈 요식업 회사의 메뉴 개발팀에 있다. 직업상 맛있는 음식은 다 먹어봐야 하는 여자인데도 좀체 젓가락 대기를 꺼려 한다.

"그런데 먹고 싶긴 하다."

"먹어."

"이거 먹으면 살 많이 찔까? 이거 먹고 운동을 얼마나 해야 그만큼 살이 빠질까?"

"이거 먹어도 살 안 쪄. 살 안 찌는 음식이야."

혜교가 드디어 젓가락을 들었다. 맛을 보려는 모양이었다. 아니다. 갑자기 젓가락을 다시 내려놓는다. 그리곤 투정 부리듯 말했다.

"맛을 보고 싶긴 한데, 맛없으면 어떻게 하지? 기대만큼 맛없으면? 차라리 마트 시식코너가 훨씬 나은 거 같아. 조금씩 다 맛볼 수 있잖아? 안 그래?"

"다음 주 금요일에 뭐해? 일 마치고 어디 가자."

"어디?"

"타임스퀘어 알지? 거기 너에게 딱 맞는 가게가 있어."

"진짜? 다음 주 금요일이라면 오케이."

여자의 이런 고민을 말끔히 해결해주는 곳, 적당량만 주문해서 먹는 곳이 바로 에스엠엘sml이다. 혜교에게 소개해줄 바로 그 가게였다.

다음 주.

"여기야. 어때?"

우선 가게에 들어가보자. 메인 컬러는 사파이어블루? 다른 커피점의 메인색과 비슷해 보이기도 하고, 칠판색 같이 느껴지기도 한다. 칠판색과 닮았다고 느낀 이유는 사실 가게 안에 테이블이랑 의자들이 나무재질, 그것도 학교 교실 같은 분위기에 가까워서다. 테이블 좌석마다 1인용 칠판을 둔 걸까? 정갈하면서도 질서 정연하게 배치된 테이블과 의자들이 눈에 들어온다.

가게 한쪽엔 바가 있어서 와인이나 각종 주류를 맛볼 수도 있다. 동그란 나무 의자가 두 개씩 맞붙은 상태로 손님을 기다리는 모습이 이채롭다.

바 안에서 흰 셔츠를 입은 점원이 열심히 뭔가를 만드는 모습은 왠지 모르게 와인 한 잔 마셔볼까 하는 생각이 들게 만든다. 거꾸로 매달린 와인 잔들, 그리고 자주 보지 않았던 술병들이 호기심을 끈다. 테이블 위에는 물잔, 포크와 나이프, 흰색 접시, 메뉴판이 있다. 이제 주문할 일만 남았다. 사이즈에 맞게 주문한다.

그리고 잠시 후, 스몰 사이즈로 주문한 메뉴와 와인이 컵에 담겨 나온다. 진짜 딱 그 사람이 먹을 만큼의 적당량만 나온다. 큰 접시가 아니다. 1인분 식사량이라고 보기 어렵다. 한국에서 사용하는 반찬 그릇 아닐까? 싶을 정도의 그릇에 그날 주문한 메뉴가 담겨 나온다. 이렇게 자기가 원하는 모든 메뉴를 맛볼 수 있는 게 이 가게의 특색이다.

미트볼? 스파게티? 리조또? 그런 음식을 주문하더라도 스몰, 미디엄, 라지 사이즈에 맞게 나온다. 어떤 메뉴 서너 개를 맛보고 싶다면 각각 스몰 사이즈로 모두 주문해도 된다.

보통 가게에 가서 메뉴 서너 개 시킬 엄두를 못 내던 상황과 전혀 다르다. 여기선 손님이 자기 마음대로 맛보고 싶은 메뉴를 다 시켜도 된다. 가게 분위기나 다른 손님들, 점원들 누구 하나 눈치 주지 않는다. 자랑스럽게 나만의 취향대로 적당량만 주문해서 먹을 수 있는 가게다.

"이 가게 왜 이래? 완전 천국이야!"

혜교가 다시 웃는다. 오늘 내가 제대로 가게를 골랐던 모양이다. 뭐든 맛보고 싶다는 사람에게 뭐든 다 먹어볼 수 있는 가게를 추천했으니 칭찬받을 만했다.

"가게 이름이 SML인 거야? 스몰, 미디엄, 라지?"

"응."

"스몰을 시키면 여러 개 시켜서 먹어도 되고, 괜찮지?"

"그러게. 대부분 메뉴를 시키면 사이즈가 딱 정해진 것만 나오는데 여긴 안 그래서 좋아."

그녀가 연신 주위를 둘러본다. 다른 손님들은 뭘 주문해서 먹는지 궁금한 모양이다. 다른 사람들이 스몰 사이즈를 많이 주문하는지 라지 사이즈를 많이 주문하는지 걱정하는 건 아니었다. 그저 남들은 이 가게에서 뭘 먹는지, 어떤 메뉴가 인기인지 알고 싶을 뿐이었다. 그래야 또 주문할 테니까.

"여긴 혼자 와도 어색하지 않아. 양도 많지 않아서 혼자 먹어도 충분하고. 어때? 지금 여기 다른 사람들도 혼자 와서 식사하고 있지?"

"그러네."

"메뉴는 마음에 들어?"

"메뉴가 엄청 많으니까 다 골라서 일일이 먹어보기도 그렇지만 일단 선택의 폭이 넓으니까 좋아. 실내 인테리어도 산뜻하고. 근데 가게가 이렇게 큰데 스몰만 팔리면 어떻게 해? 사람들이 스몰 사이즈만 주문하면 가게 운영이 제대로 될까?"

그녀는 가게 운영이 걱정인 듯했다.

다음에 또 오고 싶은데 혹시나 중간에라도 영업하는 게 적자가 나서 없어지면 어떻게 하나 염려가 된 걸까?

"한쪽엔 술을 마실 수 있는 바BAR가 따로 있어. 저녁에 장사가 더 잘되는 곳이야. 낮에는 식사 손님이 많고."

"술은 제대로 팔아?"

"아, 술도 1/4잔부터 팔지. 그리고 1/2잔, 제대로 된 한 잔. 예리한데?"

"와인 마실 때도 그럼 1/4잔만 먹으면 되는 거야? 가격이 저렴하긴 하지만 양이 적긴 할 것 같다. 하지만 뭐 더 마시면 되니까. 헤헤."

혜교는 그제야 웃음을 참지 않고 배시시 웃었다. 손님의 식성에 따라 적당량을 주문해서 먹을 수 있는 가게, 그리고 먹은 양만큼만 계산하면 되는 가게의 매력에 푹 빠진 얼굴이었다. 국내에서도 흔하게 보는 보통 사이즈, 곱빼기 사이즈를 말하는 게 아니었다. 와인의 경우에서도 보듯이 1/4잔, 1/2잔, 1잔처럼 자기가 원하는 만큼만 주문해서 식사할 수 있었다.

술뿐만이 아니었다. 식사를 할 때도 자신이 먹을 양만큼만 합리적으로 주문할 수 있는 가게였다. 그녀는 유쾌한 추억이 쌓는 중이었다.

에스엠엘(SML)의
성공비결

### 1. 손님의 양대로 주문하다.

세상엔 많이 먹는 사람만 있는 건 아니다. 곱배기 양을 주문하려는 사람도 있지만 적은 양만 먹어도 충분한 사람들이 많다. 대다수 여성들이지만 남성들의 경우에도 다르진 않다. 식당들은 재료를 준비하고 그 재료들을 정해진 유통기한 내에 팔아야만 이익을 얻는다고 생각하기 쉽다. 그래서 어떤 메뉴를 만들 때도 들어간 재료 대비 일정한 이익을 고려해서 가격을 정한다. 하지만 여기서 문제가 생긴다. 과연 그 양을 누가 다 먹을 것인가?

〈음식 남기면 벌금입니다.〉

가게에 온 손님에게 주는 양은 다 먹어야 하고, 다 안 먹으면 벌금 내라고 할 것인가? 당신 같으면 그 식당에 가서 또 식사하고 싶은가? 아니다. 손님은 음식 양이 많다고 하는데 가게에서는 주문한 음식을 다 먹지 않으면 추가요금을 받겠다고 엄포를 놓는다. 이 가게는 머지않아 문 닫을 확률 100%다. 손님이 점점 줄어들 게 빤하다.

'음식이 별로야? 왜 그만 먹게?'

모처럼 여자 친구를 데려온 남자가 묻는다. 여자 친구 앞에 놓인 음식이

반이나 남아서다. 하지만 여자 친구는 배가 불러서 더 못 먹겠다고 말한다. 다이어트 중이라서, 남자에게 음식 조금 먹는 여자로 보이려고 하는 게 아니다. 실제로 배가 불러서 더 못 먹는 경우다.

'포장해달라고 할까? 집에 가서 먹게?'

그것도 별로다. 식사를 마치고 커피 마시러 갈 건데 식당에서 먹고 남은 음식을 들고 다니는 것도 영 그렇다. 영화도 보러갈 건데, 식사를 마치고 좀 걷고 싶은데 이래저래 포장해서 들고 다니는 것은 아닌 것 같다.

그래서 손님의 양대로 주문하고 식사한 양만큼 계산하는 방식이 호응을 얻는다. 양을 조금 주문한다고 해서 음식의 재료가 덜 들어간 것도 아니다. 1인분을 시키든 1/3만 시키든 온전한 맛을 자랑한다. 하나의 완벽한 음식인데 다만 양이 다를 뿐이다.


## 2. 쾌적한 실내 분위기가 품격을 유지하다.

혼자 오더라도, 언제 오더라도 편안하고 쾌적한 분위기를 유지한다. 가게 점원들은 손님 곁에서 '빨리 주문하라'고 채근하듯 메뉴판을 주고 기다리지 않는다. 음식을 조금만 시킨다고 눈치 주는 일도 절대 없다. 가게 영업전략이다. 음식의 양을 주문하는 건 손님의 자유다. 손님은 혼자 오든 여럿이 오든 필요한 양만큼만 주문한다.

가게는 넓고 쾌적하다. 은은한 배경음악도 흐른다. 패스트푸드점이라고 해도 좋고 분위기 좋은 바BAR라고 해도 좋다. 점원들도 단정한 유니폼을 입고 일사분란하게 움직인다. 손님이 부르지 않으면 다가오지 않는다. 저마다 자기 일에 집중하는 중이다. 손님들이 무슨 이야기를 하는지 무의식적으로도 귀담아 듣지 않는다.


### 3. 음식을 재사용하지 않는다는 믿음을 준다.

'잔반 쓰는 거 아니죠?'

음식을 남기면서 이따금 의문이 들 때가 생긴다. 손님이 남긴 음식을 주방으로 도로 가져가는 건 아닌지, 다른 사람들이 주문했던 것을 그대로 내오는 게 아닌지 의구심을 완벽히 떨쳐 버릴 수가 없다. 사람이라서다. 이왕이면 내가 남긴 음식을 치우는 걸 다 지켜보고 음식 쓰레기로 버리는지도 보고 싶지만 손님 입장에서 너무 오버하는 것 같아 그냥 돈만 계산하고 나올 때가 대부분이다.

'이럴 줄 알았으면 좀 굶고 와서 음식을 남기지 말걸.'

'나중에 여기 다시 올 수 있을까? 다른 사람 먹던 반찬이 또 나오면 어떻

게 해?'

　가게에서는 '아니다'라고 하지만 손님 입장에선 불안감을 완벽하게 해소할 순 없다. 그래서 손님의 양대로 주문하는 전략이 유효하다. 손님 입장에선 자기가 먹을 만큼만 주문해서 다 먹으므로 음식 재사용 걱정이 없다. 가게 입장에선 음식이 남아서 버리게 될 걱정이 없다.

　가게에서도 음식물을 버릴 때는 추가 요금이 든다. 손님이 남긴 음식을 바로바로 치울 순 없기에 주방이나 가게 주변에 쌓아두기도 골칫거리다. 한 곳에 버려서 모아뒀다가 버린다고 해도 그 모양새가 보기 좋은 게 아니기 때문이다. 그래서 손님의 양대로 주문하고 서비스하는 전략은 가게로서도 이익이다.

# 16

# 홋카이도에 전해진
# 서구식 목장우유가 궁금하다면

．
．
．
．

SHOP. 우유 맛이 다르다, 홋카이도 데일리 팜(北海道牧場餐廳)

성공하는 가게들, 맛집을 다니다보면 색다른 메뉴와 인테리어만으로도 승부해서 성공한 경우를 보게 되는데, 조금 더 색다른 가게가 있다. 우유를 가게의 대표 메뉴로 내걸어서 성공한 경우다.

"우유가 가게 메뉴라고? 우유가 뭐가 달라? 그게 그거 아냐?"

이런 생각을 하는 사람들을 위해, 당신의 그 고정관념을 공략해서 성공한 가게다. 성공을 한 사람들을 보면 대부분 '어, 되네?'가 많다. 사람들의 고정관념을 깨서 '안 된다'가 아니라 '된다'로 만든 경우다. 사람들이 무의식적으로 참고 지내는 불편을 공략해서 '이것마저도 편하게' 만들어낸 사람들이 성공했다.

"요즘도 아침식사는 우유 한 잔에 토스트 먹어?"

"응. 오늘도 그랬지. 항상 그렇지, 뭐. 쉽게 고쳐지질 않아."

"어렸을 때는 어머니가 해주시는 밥 아침마다 먹고 다녔다며."

"그땐 그랬지. 내가 어렸을 때는 모든 식구가 한 밥상에 모여서 식사를 했으니까, 그게 당연한 건 줄로만 알았어."

"그런데 지금은 우유 한 잔, 토스트 한 개?"

"거기에 달걀 프라이도 추가. 외국에선 스크램블드에그Scrambled Egg 알지? 그거 먹기도 했는데 난 그냥 반숙 프라이가 좋더라. 햄은 별로. 내 입맛에 안 맞아."

"유학생활한 지 얼마나 된 거야? 꽤 지났네?"

"고등학교 다니다가 가서 대학 졸업하고, 석·박사까지 하고 왔으니까 근 10년은 외국 생활한 거네? 이야, 징글징글하다."

"그때는 외국유학이 붐이었잖아? 세계화다 뭐다 해서 대학생들 치고 배낭여행 안 다녀온 애들 없었고. X세대는 다들 해외여행에 유학에 외국문화가 익숙하니까. 요즘 봐, 다들 쇼핑도 해외 인터넷 쇼핑몰에서 직구하잖아? 책 살 때도 미국에 아마존에서 사는 사람들이 많아. 번역서 보지 않고 원서로 보는 사람도 많고."

"그렇지. 나처럼 그 기간에 조기유학이다 뭐다 외국에 나온 애들을 매년 10만 명씩만 계산해도 10년이면 100만 명이잖아? 애들 혼자 오나? 부모들 생각하면 곱하기 3을 해야지. 그러면 300만 명이야. 이 대한민국 땅이 최소한 X세대 기준으로 300만 명이나 되는 외국문화 생활에 익숙한 사람들이 살아간다는 거야. 그러니까 아침식사도 이젠 문화가 달라진 거야. 된장찌개에 쌀밥이 아니라 우유 한 컵에 토스트, 달걀프라이와 햄 몇 조각이 된 거지. 뭐 미트볼도 있고 빵도 있지만."

"난 가끔 커피 한 잔으로 아침 식사를 대신하기도 해."

홍콩 출장길에 모처럼 만난 하정우(가명)는 고등학교 동기다. 고등학교 3학년 때 모든 친구들이 대학 입시에 매달릴 무렵, 일찌감치 외국 유학을 정해둔 상태였다. 친구들이 야간자율학습으로 밤 10시까지 학교에 남아 공부할 때도 정우는 일찌감치 가방을 메고 유학원에 들러 어학준비를 했다. 그를 아는 사람들은 모두가 그를 부러워했다. 자율학습을 하고 안 하고의 문제가 아닌, 대학을 정해놨고 그것도 외국에서 다닌다는 점 때문이었다.

"그런데 외국에서 적응이 잘 안 돼."

"응? 너처럼 10년을 살았는데도?"

"그러니까. 그게 미스터리지. 암튼 외국계 회사에서 지내보다가 아니다 싶어서 바로 짐 싸고 가족들 데리고 한국 다시 온 거잖아."

"맞다. 아내는 유학생 시절에 만나서 결혼했지. 아이들은? 모두 미국인이네?"

"아내는 교포였고 애들은 미국에서 태어났으니까. 내 경우만 봐도 4식구인데 우리 아침식사 어떤지 알아? 아침마다 빵이랑 토스트, 우유랑 주스 이런 거야. 아마 아버지가 보시면 노발대발하시겠지. 이런 거 먹고 무슨 힘을 쓰냐고 막 그러실 걸?"

정우는 이야기를 하던 중 비행기 탑승 안내를 듣고 자리에서 일어섰다. 나는 홍콩으로 출장을 가던 중이고, 정우는 미국으로 학회 세미나에 가는 길이었다. 인천공항에서 만난 고등학교 친구들은 비행기 탑승 게이트 앞에서 다시 작별을 해야 했다. 출장을 마치고 돌아오면 서울에서 언제 술 한잔 하자는 약속을 남기는 건 잊지 않았다.

그리고 잠시 후, 홍콩 도착.

"여긴가?"

그날따라 공항에서 정우를 만났던 기억 때문일까? 아침을 거르고 비행기를 탄 덕분에 속이 영 허전했다. 다른 날이었다면 홍콩 시내에 들러 업무를 먼저 다 보고 저녁에 커즈웨이베이 지역이나 몽콕에 들러 지인들과 식사를 할 게 분명했다. 하지만 그날은 어쩐지 토스트랑 우유로 늦은 아침식사를 해야 할 것만 같았다. MTR 완차이 역으로 향했다.

그리고 A3 출구로 나온 후 5분이나 채 걸렸을까? 눈앞에 드디어 목적지가 보였다. 존스톤 로드Johnston Road에 들어왔다.

'그렇지. 홋카이도 목장!'

　가게 앞에 서면 왠지 목장에 온 느낌이다. 목장의 소떼를 방목하는 울타리처럼 보이는 나무판자로 만든 간판, 그리고 그 위에 우유처럼 흰색으로 붙은 가게 이름이 보인다. '우유 레스토랑은 처음이지?'라고 묻는 기분이다.

　가게 출입문 앞엔 동양 어린 소녀가 컵으로 우유를 마시는 모습이 있다. 일본 어린이인지 홍콩 어린이인지 잘 모르겠지만 양 갈래로 머리를 땋은 여자아이가 우유를 맛있게 먹는 모습을 보면 '나도 저 우유를 먹어보고 싶다'는 기분이 든다.

　그렇게 가게 안을 살짝 들여다보니 아니나 다를까, 나무 의자에 흰색 테이블이 배치되어 있다. 나무 테이블일 것 같은데 일단 우유처럼 흰색. 가게 내부도 어쩐지 우유 향기 물씬 흐를 것 같은 기분이다. 가게 안에 손님들을 보면 저마다 바쁜 사람들이다. 그들이 먹는 메뉴들도 어째 단출해 보인다. 가게 안에 들어가서 주문해 보자.

메뉴판에 쓰인 그대로다. 여기는 '홋카이도 데이리 팜北海道牧場餐廳, HOKKAIDO DAIRY FARM'이다. '도道'란 글자가 '섬 도島'가 아닌 게 특이하다는 생각도 해본다. 물론 우유로 유명한 북해도(홋카이도)도 '길 도道' 자를 쓴다.

이 가게에 처음 오는 사람일지라도 쉽게 알 수 있도록 메뉴판을 보아하니 '여기는 간단한 아침식사를 파는 곳'이라는 느낌이 전해진다. 맛있는 우유랑 간단한 아침을 즐길 수 있는 가게다. 샌드위치와 달걀프라이, 햄 조각 서너 개만으로 구성된 아침식사 세트 메뉴를 주문했다.

'커피도 향이 좋아. 맛있겠다. 내가 홍콩에 와서 이 시각에, 지금 몇 시야? 낮 12시가 되어 가네. 이 시각에 아침식사를 먹다니. 그것도 우유랑 토스트를. 그런데 맛있긴 하네. 속에 부담도 없고. 그런데 진짜 언제 먹어도 이 우유는 맛이 독특하단 말이야.'

메뉴랑 곁들이는 커피도 좋고 우유도 맛있다. 그야말로 간단한 아침식사, 목장에서 즐기는 식사 되겠다. 샌드위치나 달걀프라이에 곁들이는 조미료, 소스는 테이블 위에 놓였다. 달걀프라이에 소스를 조금 뿌렸다. 맨송맨송한 맛이 훨씬 감칠맛으로 바뀌었다. 달걀프라이는 반숙을 원하거나 완숙을 원하면 주문할 때 미리 이야기하면 된다. 달걀프라이는 노른자를 톡 터트려서 익혀 내온다.

'우유 레스토랑이라니?'

우유 하나로 승부를 걸 만큼 대단한 우유 같다는 기대를 하게 되는 건 맞다. 메뉴판을 보니 영어로도 쓰여 있는데 자세히 보면 메뉴마다 시간대가 다르다. 손님이 여기 언제 오느냐에 따라 서비스되는 메뉴가 다르다는 말씀. 달걀프라이와 햄과 토스트, 그리고 주스 같은 음료를 포함해서 세트 메뉴가 나온다. 간단한 아침식사를 하려는 사람들에겐 최고의 가게로 기억될 게 분명했다.

'우유가 진짜! 이 우유 확실히 다르긴 다르네!'

우유 자체가 이렇게 고소한 맛이었던가 싶을 정도다. '목장'이란 단어가 가게 이름에 들어갈 이유로 충분했다. 방금 짜서 마시는 우유가 이런 맛일 거라는 생각도 든다. 물론 나 같은 대다수의 도시인들은 목장에 가서 우유를 마셔본 적이 없을 테지만 말이다. '이 가게, 아니 이 목장만큼은 다음에라도 언제든 우유 마시려면 꼭 와야겠어' 다짐하게 되는 맛이다.

우유가 다 같은 우유가 아니다. 우유 맛이 다른 건 품종이 달라서다. 우리나라에서는 젖소 중에서도 '홀스타인Holstein'이라는 품종을 사육하는데 우리가 알고 있는 얼룩소에 해당된다. 우유 제품에 그려진 소들 모습이기도 하다. 하지만 일본 홋카이도에서 사육하는 젖소들은 '저지Jersey' 종에 속하는 소다. 생김새도 홀스타인 품종과 달리 사슴처럼 생겼다(쇠고기 하면 '앵거스Angus'를 가장 먼저 떠올리지만, 소의 품종은 의외로 다양하다. 헤리퍼드Hereford, 브라운스위스Brown Swiss, 샤롤레Charolais, 쇼트혼Shorthorn, 에어셔Ayrshire, 시멘탈Simmental 등등).

물론, 소들의 외모를 탓(?)하는 것은 아니지만, 저지 소에게 얻는 우유는 진하고 고소한 맛이 일품으로 정평이 나 있는 게 사실이다.

'우유를 아는 사람이라면 홋카이도 우유를 택할 거야. 사실 저지 품종의 소에서 얻는 우유가 맛있는 건 다 알지만, 우유양이 상대적으로 적고 사육비가 비싸니까 대부분의 농가에서 사육을 해볼 엄두를 낼 수가 없는 거거든. 그런데 이상하긴 해. 똑같은 홀스타인 품종인데도 홋카이도에서 키운 소들에게서 얻는 우유가 맛있는 건 무슨 이유일까? 자유롭게 키워서 그런가? 어쩌면 홋카이도에 목장들이 서구식이라는 걸 눈여겨봐야 할 거 같아. 1800년대에 홋카이도 개발붐이 일면서 미국의 윌리엄 클라크William Smith Clarke, 1826~1886 박사가 전해준 신농법(1876년 일본에 온 윌리엄 클라크 박사는 홋카이도에 미국의 교육 시스템을 그대로 옮겨 삿포로 농대(현재의 홋카이도 대학)를 세웠다. 신농법이란 일본 전체 경지 면적의 1/4을 차지하는 홋카이도의 특성을 살려 토지이용형 농업을 중심으로 생산성을 높이는 방식이다. 워낙 토지면적이 넓고 입지조건이 지역에 따라 달라서 동부, 남부, 중부 지역으로 나눈 지역적 농업을 차별화하기도 했는데, 유럽처럼 풀밭(초지)형 대규모 낙농 경영이 이뤄지는 곳이 바

로 동부 지역이다.)이 시작되었으니까.'

　가게 이름이 눈에 다시 들어온다. 이 가게에선 '홋카이도 우유'를 내세우며 품질이 다른 우유, 맛이 다른 우유라는 점을 사람들에게 알리고 있는 셈이다. 하지만 홋카이도 우유의 유명세 뒤에 미국의 영향이 전혀 없다고는 말하기 어렵다.

　평균 온도가 우리나라보다 4~5도 낮은 지역인 홋카이도. 체감 온도상으로 10도 이상 차이가 나는 곳에서 만들어지는 우유가 세계적으로 유명한 이유를 찾으려면 홋카이도의 역사를 이해하고 있어야 한다. 러시아의 남하 정책에 불안을 느낀 일본 메이지 정부에서 둔전병(평소엔 농사를 짓고 유사시엔 군인)을 거주시키면서 개발을 시작한 홋카이도의 삿포로 도청사의 예전 모습은 미국 네오바로크 양식으로 건축되어 있다.

### 홋카이도 데일리 팜
### (北海道牧場餐廳)의 성공비결

## 1. 차별화-세상의 모든 우유와 그 맛이 다르다.

우유를 좋아하는 사람이라면 홋카이도 우유를 안다. 우유를 전공하거나 낙농업 분야에서 일하는 사람이 아닐지라도 이미 익히 유명한 홋카이도 우유를 마셔본 사람들이라면 누구나 최고로 꼽는다. 그런데 가게 이름이 '홋카이도 우유'다. 간단한 아침식사를 찾는 사람들이라면 홋카이도 데일리 팜에 오지 않을 이유가 없다. 그들에겐 신선한 우유가 제일 중요하기 때문이다.

## 2. 주문 시간대에 따라 다른 메뉴

오전 시간대에 가서 주문할 수 있는 메뉴와 오후 시간대에 주문할 수 있는 메뉴가 다르다. 이 가게에선 모든 음식을 미리 만들어 두고 하루 내내 팔지 않는다. 재료가 가장 신선할 때에 손님들에게 제공되는 방식이다.

아침에 준비한 채소를 당일 오후에도 팔지 않는 식이다. 달걀프라이나 햄 등의 요깃거리는 언제든 같은 맛을 내지만, 채소와 우유, 토스트는 주문과 동시에 만들어 나와야 제일 맛있는 상태가 된다.

### 3. 달걀프라이부터 손님의 식성에 맞추는 서비스

간단한 아침식사 메뉴이지만 세심한 부분에서 손님의 요구를 맞춘다. 그냥 평범한 아침식사 세트가 아니라 달걀프라이 노른자 익힘 정도를 손님이 원하는 상태로 만들어주는 배려가 깃들어 있다. 아침식사를 해본 사람이라면 달걀노른자의 익힘 상태에 민감한 경우가 의외로 많다는 걸 안다.

반숙 상태가 좋은데 완숙으로 나오면 어쩐지 먹기가 부담스러워진다. 노른자가 살짝 덜 익은 상태여야 하는데 딱딱하게 굳은 반숙이어도 문제다. 달걀프라이 하나만으로도 자기가 원하는 취향이 제각각이다. 그래서 달걀프라이를 손님의 식성에 따라 맞춰준다는 점은 그 자체만으로도 손님의 호응을 얻어내는 전략이 된다. 손님 입장에선 '대접 받고 있다'는 느낌을 갖게 되고 '집에서 먹는 것처럼 편안한 아침식사'라는 생각이 들게 된다.

# 17

# 손님 눈앞에서 만드는
# 친환경 주스는 어떤가요?

:

SHOP. 즉석에서 만드는 사탕수수 주스, 쿵리(公利)

"이 가게 알아?"

"이런 데가 있다는 건 또 어떻게 알았어?"

모처럼 홍콩의 소호거리에서 만난 손민아(가명)와 함께 헐리우드 거리를 지나 어느 가게 앞에 섰다. 민아는 가게 안을 들여다보며 커다란 두 눈을 껌뻑거렸다. 처음 보는 가게라는 뜻이었다.

"헐리우드 거리에 와서 구경하다가 지나가면서 봤는데 뭔가 신기한 거야. 사탕수수 보여? 난 저게 처음엔 무슨 한약재인가 싶어서 구경하러 왔다니까."

"한약방인가? 그 뭐지? 한국에서 보면 '약재상' 말고, 건강식품 파는 곳 같아 보이는데? 맞아?"

그녀가 가게 안을 두리번거리며 내게 물었다.

"얼추 비슷해. 근데 여기서 핵심은 사탕수수야. 저 주스 맛이 장난이 아니거든."

가게는 크지 않다. 약재를 파는 곳이란 표시도 있는데 사탕수수 주스 외에도 여러 가지 몸에 좋은 '즙'을 파는 곳이긴 하다. 사탕수수 주스만을 파는 가게는 아니다. 주문대 앞에 붙여둔 메뉴를 보면 중국 허브티도 판다는 걸 알 수 있다.

어쩐지 그녀의 말처럼 건강음료점 분위기가 물씬 나는 이 가게의 정체는 바로 테이크아웃이 가능한 생주스生 Juice 전문점 되겠다. 가게 안 한쪽에서 경쾌한 기계음 소리와 함께 뭔가 향기롭고 달콤한 게 만들어지고 있다.

"저게 뭐야?"

"사탕수수."

"저걸 그냥 먹어?"

"아니. 주스로 만들어서. 난 중국에 있을 때도 길거리에서 사탕수수 잘라 파는 걸 그냥 먹어 봤거든. 근데 진짜 달아. 달달한 즙이 입안에 퍼지는 게 진짜 신기하면서도 맛있었어. 그런데 여기선 사탕수수 주스를 만들어서 즉석에서 주는 걸 보고 오늘 너랑 같이 온 거야."

이 가게엔 패스트푸드점에서나 볼 수 있는 음료 자판기도 있다. 종이컵 하나 대고 버튼만 누르면 나오는데 일반적인 콜라나 사이다가 아니다. 중국 차, 사탕수수 주스 등이다. 카운터 앞에는 미리 주문을 받은 것인지, 아니면 대량으로 많이 사가는 손님을 위해서인지 페트병에 담은 음료도 보인다.

"나 이번에 CF건 때문에 홍콩 에이전시와 미팅하려고 온 거 알지? 미팅 전에는 단 거 먹어서 살 찌면 안 되는데, 어떡하지? 지금 먹어도 될까?"

"이거 한 잔 먹었다고 살찌거나 그러진 않아. 오히려 비타민 C 먹고 기운이 펄펄 나지 않을까? 활력 충전?"

민아는 한국에서 모델 겸 배우로 활동 중이다. 아직 인지도가 높진 않지만, 워낙 출중한 미모 덕분에 고등학교 시절부터 각종 패션매거진과 월간지에서 모델 활동을 해오던 터였다. 한국 잡지에서 그녀를 본 중국 측 에이전시에서 홍콩에서의 활동을 제안하며 미팅을 요청한 경우였다. 하지만 조금 걱정이 된 모양이었다. 중국어는 잘 모르고 영어만 조금 하는 정도인 민아는 홍콩에서 나를 만나 에이전시와 미팅 때 같이 가달라고 연락을 해왔다.

"에이 모르겠다. 일단 조금만 맛이나 볼게."

사탕수수 주스.

그녀에게 말한 것처럼 중국에서 생활할 때, 사탕수수를 재배하는 농부처럼 보이는 중국인이 거리에서 리어카에 싣고 사람들에게 팔던 걸 사 먹은 기억이 있다. 그런데 홍콩에선 사탕수수를 기계로 즉석에서 짜서 준다.

"한국에선 사탕수수 주스를 먹어본 기억은 없어. 하지만 노점에서 키위나 오렌지, 파인애플 주스를 갈아주는 건 먹어본 적이 있어. 근데 이거 진짜 달아? 이거 무슨 생과일 100% 주스, 이런 거야?"

가게 점원이 기계 안으로 사탕수수를 밀어 넣는 순간, 둔탁한 저음의 기계소리가 나면서 사탕수수 주스가 만들어지는 소리가 들렸다. 그녀의 말처럼 국내에서도 오렌지나 바나나 등으로 거리 노점에서 즉석 생과일주스를 만들어 파는 가게는 많다.

그런데 사탕수수라니? 아이템이 독특하지 않은가? 중국인들에겐 익숙한 것이지만 한국인들은 잘 모르는 것, 그리 오래전 일은 아니지만 베트남에서 코코넛 열매를 들여와 국내에서도 코코넛에 구멍을 뚫어 마실 수 있게 파는 것을 본 적이 있다. 베트남에선 한 개에 우리나라 돈으로 100원 하던 코코넛이 한국에서는 개당 1,000원 정도에 팔렸던 기억이다. 사탕수수를 조금 더 변형해 즉석 녹차즙, 즉석 당근즙을 파는 가게가 나올 수 있겠다는 생각도 든다.

## 1. 손님 눈앞에서 만드는 주스

사람들은 주스를 사 먹을 때 바보스러울 정도로 '믿고' 먹는 경향이 있다. 편의점이나 슈퍼마켓에 냉장고 앞에 서서 형형색색의 음료를 고르면서도 저 안에 뭐가 들었는지, 언제, 누가, 무엇을 넣고 만들었는지 심각하게 생각하지 않는다.

'누가 광고모델이지? 어느 회사에서 만들었지?' 정도 생각할 뿐이고, 그것마저도 귀찮을 때는 '유통기한은 언제지?' 손에 들고 이리저리 돌려가며 음료수 병에 인쇄된 숫자를 찾는 게 고작이다.

하지만 여기선 다르다. 주문을 하면 실제 사탕수수를 골라서 기계에 넣고 손님 눈앞에서 주스를 만들어준다. 손님은 사탕수수가 신선한지 확인할 수 있고, 기계가 청결한지도 직접 눈으로 볼 수 있다.

손님은 자기가 고른 사탕수수를 직접 눈앞에서 짜서 주스를 만드는 전 과정을 직접 보게 된다. 플라스틱 병이나 알루미늄 캔, 유리병 안에 든 주스를 사 먹는 것과 다르다. 손님에겐 재료 선택부터 생산 과정, 그리고 마시기 전 모든 과정을 직접 확인할 수 있는 권리(?)가 주어진다.

## 2. 즉석 주스만의 장점을 살리다.

시중에 주스들은 유통기한이 있다. 탄산음료나 기타 다른 음료수들 중에는 보존제와 여러 가지 첨가제를 넣기 때문에 굳이 냉장 보관하지 않아도 얼마든지 오랜 기간 보관이 가능한데, 100% 과즙만 넣었다는 생과일주스는 그나마 합성첨가제는 넣지 않으므로 상대적으로 유통기한이 짧지만 반드시 냉장보관을 해야 하는 등의 부수 조건이 따라 붙는다.

하지만 즉석 주스는 다르다. 우선 손님의 주문이 없으면 만들지 않는다. 과일 상태로 보관되고 미리 주스를 만들어두는 경우가 없다. 사탕수수도 마찬가지다. 실온 상태나 냉장 상태로 보관할 뿐이다. 보관 중에 약을 치거나 어떤 식품첨가제를 넣는 것도 아니다. 실제 모습 그대로 보관할 뿐이다.

사람들은 자기 눈앞에서 즉석으로 만들어지는 주스를 보고 마실 수 있다. 할인점이나 슈퍼마켓에서 플라스틱 병 안에 든 주스를 사 먹는 것과는 비교할 수도 없는 경험이다. 마치 농부가 밭에서 직접 캐온 사탕수수, 과수원에서 직접 따준 과일로 현장에서 만들어 먹는 느낌이다. 손님은 그 순간만큼은 마치 자기가 과수원 안에, 사탕수수 밭 앞에 서 있는 기분을 느낄 수 있다. 가게는 손님에게 과수원으로, 사탕수수 밭으로 들어온 기분을 갖게 할 수 있다.

### 3. 부족한 점을 장점으로 부각시키다.

설탕은 사탕수수의 즙에서 추출한 원료를 정제해서 만든다. 사람의 몸속에 필요한 영양소들이 설탕원료 정제과정에서 대부분 파괴되고 단맛만 남게 되는데, 이것이 바로 설탕이다.

사탕수수 주스는 시중에서 파는 음료수들과 비교해서 단맛이 부족한게 사실이다. 화학조미료와 탄산음료에 중독되었다고 할 정도로 단맛에 익숙해져버린 사람들의 입을 사탕수수 주스가 파고들기엔 경쟁력이 다소 부족하다는 의미다. 하지만 단맛이 부족하다는 건 그만큼 자연 그대로의 재료로 만든다는 장점이 있다.

건강음료로 거듭날 수 있다는 점에선 경쟁력이 있다. 냉장고에 보관하고 손님의 주문을 받으면 즉석에서 기계에 넣어 주스를 만드는 사탕수수. 합성첨가제가 들어갈 수 없다는 점과 손님 눈앞에서 만드는 건강음료라는 점을 부각시킨다. 그리고 가게에 홍보물을 걸어두고 사탕수수의 효능에 대해서도 홍보한다. 우리 몸을 이완시키는데 도움이 되고, 피로 회복에도 탁월하다는 점을 부각한다.

## 18

# 혼자 가도 편안합니다

:

SHOP. 스타들이 반하는 맛, 씨우팀곡(小甜谷)

"생각해봤는데 하루 정도론 안 되겠어."

"그러면?"

"여기 최소 일주일은 있어야 될 거 같아."

"일주일이면 충분해?"

"몰라. 그런데 여기 왜 이렇게 넓어? 나 발 아파."

"그러게 하이힐 신지 말라니까. 하버시티를 구경하려면 운동화가 필수야.

이 안에서 쇼핑하다가 길 잃어버리는 사람도 많아. 출구가 복잡하고 어디가

어딘지 헷갈리거든."

하버시티.

침사추이에 지어진 엄청난 넓이의 쇼핑타운이다. 세계 유수의 명품 브랜드들과 패션 관련 메이크업 제품들, 스포츠용품들 등 내로라하는 브랜드들이 입점해서 세계 각지에서 온 쇼핑객들을 만나는 곳이다. 영업시간 내내 수없이 많은 사람들이 오가는 곳, 스타페리 선착장이 연결되어 있고 버스 편과 택시 정거장이 집중되어 교통이 편리한 곳이다.

"우리 뭐 좀 먹으면 안 돼?"

"그럴까?"

"여긴 앉을 데 찾기도 힘든 거 같아."

"그래. 여기가 오션터미널 구역 2층이니까 잘됐다. 한 층 더 올라가면 3층에 맛있는 데가 있어. 거기 가자."

김태희(가명)는 국내에 모 브랜드 기획팀에서 근무하는 디자이너다. 대학을 졸업하고 회사를 알아보러 다닌다는 얘기를 들은 지 엊그제 같은데 취업을 하고도 벌써 경력이 5년차가 되었으니 현재 선임대리 정도의 위치였다.

이번에 홍콩에 온 이유는 새로운 브랜드 론칭을 위해 시장조사를 하기 위함이었다. 하버시티에 들러 세계 브랜드들의 경향을 알아보고 새로운 브랜드 컨셉과 여러 가지 요소들을 기획해야 하는 업무가 있었다. 그런데 홍콩 출장이 처음, 그것도 해외 출장이 처음이었던 그녀가 국내에서 백화점에 시장조사를 나갈 때처럼 하이힐에 옷을 차려입고 나온 것이다. 물론 옷을 제대로 차려입고 스타일리시하게 다니는 건 좋다. 문제는 하버시티가 너무 넓다는 점이었다.

"나 발도 아프고 지치고 막 그래. 뭔가 달달한 거 없을까? 응?"

태희가 나를 바라보며 묻는다. 아닌 게 아니라 얼굴에 피로한 기색이 역력하다. 하버시티 안에서는 에어컨이 시원하게 나와서 더위를 느낄 수는 없었지만 그녀의 표정엔 더위 그 이상의 피로감이 가득했다.

"지금 가는 곳이 달달함의 명소야"

여름엔 그저 햇볕 피할 곳, 시원한 음료만 생각나기 마련인데, 쉽게 피로해지는 상황에서 뭔가 달달한 게 당기는 그럴 때가 있다. 홍콩에서도 여기저기 구경하다 보면 목도 마르고 배도 고프지만 무엇보다도 쉽게 지친 상태에서 달달한 게 무척 당기기 마련. 하버시티 안에 자리 잡은 달달함의 명소, 디저트 가게다.

가게에 오면 알겠지만 가게는 진짜 작아 보인다. 한쪽 벽에 다녀간 스타들 사진이 붙은 것을 보면 이 가게가 명소라는 걸 알 수는 있다. 그런데 이렇게 작은 가게에? 명소라는 소문에 대해 의문이 드는 것도 사실. 테이블도 기껏해야 대여섯 개가 될까? 커다란 쇼핑몰 안에 구석진 모퉁이에 자리 잡은 곳인데 옹기종기 모여 앉은 사람들 수도 제법이다. 하지만 더 이상의 의문은 금물, 일단 이 가게의 메뉴판을 보자.

"뭐 먹을래?"

"맛있는 거"

"어려운 말이군. 사람들 뭐 먹을래 물어보면 '아무거나', '다 잘 먹어' 막 그러는데 그거 진짜 어려운 말이라는 거 알지? 그런데 여기선 괜찮다는 거. 하하. 씨우팀곡에서는 아무거나 먹어도 다 맛있거든"

가게 내부 테이블 자리보다 다소 커 보이는 카운터의 위엄, 손님들이 계속 밀려들면서 디저트를 주문하고 포장해 가는 걸 보게 된다. 음료도 포장

해 가는데 특히 깨가 들어간 음료, 사과음료, 파파야가 들어간 음료가 인기
다. 모든 음료 컵에는 '소첨곡(小甜谷, 씨우팀곡)'이라고 쓰였다. 맞다. 이 가게 이
름이다. '조그만 달달한 골짜기'란 의미다.

사진©Nini

"초콜릿 케이크랑 주스."

"오케이. 잘 골랐어. 그거랑 과자도 몇 개 사줄게. 일 마치고 귀국해서 한
국 가면 사람들에게 선물로 줘도 좋아할 거야. 여기 디저트가 달달하기도
하지만 홍콩 스타들도 많이 다녀간 가게로 유명하거든."

즉석에서 파는 디저트만 있는 건 아니다. 포장 손님을 위한 선물용 디저
트도 있다. 과자랑 각종 초콜릿 등처럼 디저트 포장상품도 있다. 가게는 작

지만 사람들이 계속 몰려들어 인기 명소가 된 이유를 알겠다. 태희가 디저트와 주스로 휴식을 취하는 중에도 많은 사람들이 과자 등의 디저트를 포장해 갔다.

"여기 원래 유명한 곳이야? 사람들이 계속 오는데?"

"여기? 이런 디저트 가게들이 홍콩에서는 유명하긴 한데, 사람들에게 많이 알려진 곳이라기보다는 아는 사람들 위주로 꾸준히 인기를 얻어가는 곳이라고 보는 게 더 맞아. 홍콩에 처음 오는 사람들은 여행책자에 나온 데만 찾아가는데 나처럼 자주 다니거나 현지에 체류하는 사람들은 이왕이면 뭔가 새로운 맛을 찾는 습성이 있거든. 여기도 그런 곳들 중에 한 곳이야."

"아이들이랑 가족들도 많이 오는데?"

"달달하잖아. 달달한 걸 아이들이랑 여자들이 좋아하니까 그래서 그래. 여기가 또 하버시티라는 최대의 쇼핑몰이고, 손님들 중에 가족 단위로 오는 사람들이 많아. 그런데 혼자 오는 사람들도 있어."

"가게가 넓은 편이 아니라서 메뉴가 다양할까 했는데 여기 좀 봐. 메뉴판에 이게 다 메뉴야! 이 가게에서 이걸 다 판다고?"

태희가 눈을 동그랗게 뜨며 나를 쳐다봤다. 고작해서 테이블 서너 개뿐인 디저트 가게인데 자기 생각보다도 메뉴들이 많다는 얘기였다.

"그래서 포장 손님들이 많아. 가게에서 먹기보다는 가져가는 손님들. 자, 여기. 아까 이 가게 과자랑 케이크 디저트 몇 개 포장해준다고 했지? 케이크는 호텔 숙소 가서 먹고, 과자는 한국에 돌아가면 사람들에게 선물로 줘.

좋아할 거야."

씨우팀곡(小甜谷)의
성공비결

## 1. 디저트를 쇼핑하다.

쇼핑몰 안에서 영업하는 가게들은 테이블도 많고 의자도 있어야 하는 게 아니다. 쇼핑몰이라는 장소 자체가 '구경하러 다니는 사람'이 모이는 곳이기 때문이다. 사람들은 쇼핑몰 안에서 상품을 구경하고 그들이 필요한 물건을 쇼핑한다. 쇼핑몰 안 가게(커피점 등)에 오는 이유는 '잠시 쉬려는 목적'이 있어서다. 구경하러 다니다가 피곤해서, 다리가 아파서, 힘들어서 온다.

쇼핑을 하다가 다리만 아프면 의자를 찾아서 쉬면 되는데, 여기저기 다니는 동안 목도 마르다. 쇼핑 욕구가 활발해지면서 갈증이 생기게 된다. 그래서 피로를 없애줄 수 있는 디저트가 필요하고, 갈증을 해소할 수 있는 음료수가 필요하다.

쇼핑몰 안 가게는 사람들이 쇼핑할 수 있도록 원기 충전을 해주는 역할이면 족하다. 가게에 앉아서 구경하고 싶어 하는 사람은 없다. 그들이 필요한 건 빨리 쉬고 다시 쇼핑몰 안에 돌아다니면서 구경하는 것이다. 그래서 쇼핑몰 안 가게들은 쇼핑하듯이 들러 디저트를 즐기고 다시 쇼핑하러 나갈 수 있도록 돕는 역할이면 충분하다. 사람들은 디저트도 쇼핑의 일부로 생각할 뿐이다.

## 2. 작지만 큰 가게

생각해보자. 옷가게가 있다. 옷들을 가로로 진열하는 것보다 세로로 진열하는 게 가게 면적을 효율적으로 사용하는 방법이다. 옷을 가로로 진열하면 가게 앞을 지나가는 사람들에게 옷을 보여줄 순 있어도 많은 옷을 가게 안에 진열할 수가 없다. 그래서 대부분의 옷가게들은 마네킹을 이용한다. 쇼윈도와 마네킹에 옷을 입혀두고 보여줄 뿐, 나머지 다른 옷들은 가게 안에 세로로 진열해두고 차곡차곡 정리해둔다. 핸드백 가게도 마찬가지다. 옷가게나 핸드백 가게는 물건을 보고 사는 가게라서 어느 정도의 공간이 반드

시 필요하다.

그럼 보석 가게는 어떨까? 보석은 크기가 작다. 하지만 단가는 비싸다. 그리고 보석가게는 사람들에게 가게 안에 있는 모든 보석을 보여줄 필요가 없다. 다이아몬드나 금, 은, 사파이어 등의 보석이 있더라도 사람들이 그걸 사는 게 아니기 때문이다. 사람들은 보석을 가공해서 자기 목걸이로, 자기 반지로, 자기 귀걸이로 디자인하기 원한다. 그래서 보석가게는 넓을 필요가 없다. 보석가게는 보석을 보고 사는 가게가 아니라, 보석으로 자기만의 물건을 만들어 달라고 주문하는 가게다. 그래서 손님들이 가게 안에서 보석을 고르고 어떤 디자인으로 만들어달라고 상담할 공간만 있으면 충분하다.

그렇다면 쇼핑몰 안에 자리 잡은 디저트 가게는 어느 정도의 면적이 필요할까? 디저트는 보고 사는 것도 아니고 만들어 달라고 주문하는 가게도 아니다. 사람들이 쇼핑몰 안에 있는 디저트 가게에 오는 이유는 쇼핑을 이어 가기 위해서다.

그래서 쇼핑몰 안에 있는 디저트 가게는 사람들이 디저트도 쇼핑으로 생각할 수 있는 공간이면 족하다. 포장된 디저트가 필요하고, 미리 만들어둔 디저트 메뉴가 없다면 사람들이 그저 보고 주문할 메뉴판만 있으면 된다.

사람들은 그들이 쇼핑몰 안에서 쇼핑하듯이 디저트도 쇼핑하고 포장해서 갖고 가려고 할 뿐이다. 쇼핑몰 안 디저트 가게는 작지만 큰 가게가 되는 이유다. 장소는 작지만 매출은 높다.


### 3. 사람들의 머릿속에서 문을 열다.

머릿속에서 문을 여는 가게라는 의미는 '사람들이 저절로 생각하게 되는 가게'란 의미다. 예를 들어, 더울 때 사람들은 아이스크림을 생각하고 콜라를 생각한다. 추운 날씨엔 따뜻한 국물과 밥을 생각한다. 목이 마르면 차가운 음료수를 떠올리고, 다리가 아프면 의자를 떠올린다. 이처럼 '머릿속에서 문을 여는 가게'란 사람들이 무언가가 필요하다고 느끼는 그 순간, 가장 먼저 떠올리는 가게가 되어야 한다는 얘기다.

그런데 쇼핑몰은 사람들이 찾아오는 가게다. 예를 들어, 새로 살 옷이나 핸드백, 새로 나온 메이크업 제품을 찾으러 온다. 그들이 원하는 걸 찾으면

그때 지갑을 연다. 하지만 모든 사람들이 쇼핑몰에 와서 돈을 쓰는 건 아니다. 자신이 찾는 물건이 없거나, 마음에 드는 물건이 없으면 쇼핑을 하지 않는다. 그래서 쇼핑몰은 많은 사람들이 찾아오는 곳이긴 하지만 실제 쇼핑을 하는 사람들은 일부다.

반면 쇼핑몰 안 디저트 가게에는 여러 가지 면에서 장점이 더 많다. 쇼핑을 한 사람들은 만족감(자신이 원하는 물건을 찾았다는 만족감)에 '이젠 좀 쉬자' 생각하고 디저트 가게를 찾는다. 기쁨이 배가 된다.

다른 한편으로, 쇼핑을 아직 마치지 못한 사람(자신이 원하는 물건을 찾지 못한 사람)들은 '조금 쉬었다가 더 찾아보자'는 생각을 하고 디저트 가게에 온다. 어느 면에서나 쇼핑몰 안에 디저트 가게가 잘되는 이유들이다. 사람들이 쉬고 싶을 때 가장 먼저 생각나는 가게를 만들어보자.

# 19

# 다이어트 걱정은 NO,
# 설탕 없어도 커피는 달달합니다

∙
∙
∙

SHOP. 팥으로 만드는 커피, 록위엔(樂園)

"골목상권 살리기 어떻게 생각해?"

"글쎄. 대기업의 골목상권 진출을 막는다고 해서 해결될 문제는 아닌 것 같지?"

"무슨 소리야? 재래시장이 살리면 대기업이 들어오면 안 되는 거 아냐? 대기업이 할 게 있고 소상공인이 할 게 따로 있지. 돈만 된다고 해서 무조건 이것저것 다 해버리면 다양성이 없잖아? 결국엔 돈 많고 기술 좋고 사람 많은 대기업에서 다 할 거 아냐?"

골목상권에 대해 이야기하는 임수정(가명)의 얼굴이 상기되었다. 그도 그럴 것이 요즘 그녀에게 골목상권 자영업자 얘기는 남의 일이 아니었다. 그녀의 어머니는 국밥가게를 운영하고 계신데, 얼마 전 어머니가 장사하는 가게 옆에 튀김가게를 열었다. 올해 서른 중반을 갓 넘긴 그녀의 포부는 튀김가게를 보란 듯이 성장시켜서 글로벌 회사를 만드는 게 꿈이었다. 한국식 튀김가게로 키워서 세계 굴지의 치킨점이나 도넛 가게들보다도 더 성공하겠다는 꿈이었다. 하지만 처음엔 어느 정도 자리를 잡아가는 것 같았던 튀김가게가 근처에 대기업 계열 분식점이 들어오면서 타격을 받았다는 게 불만의 골자였다.

"아니, 대기업이 튀김을 팔면 어떻게 하겠다는 거야?"

그녀는 아직도 화가 덜 풀린 상태, 아마도 꽤 오래 전부터 지속되어온 불만을 쉽게 버리지 못한 상태였다. 어떻게 해결 방안을 찾아도 이렇다 할 해결책이 안 보여서 더 문제라고 했다.

"나 홍콩에 가. 공항에 나와 줄 거지?"

지난달이었다. 수정이 홍콩에 온다고 전화할 때부터 내심 홍콩의 어디를 보여줘야 할지, 어떤 아이템을 알려줘야 할지 고민이었다. 튀김이라는 아이템 하나를 정하기 전까지 그녀가 얼마나 발품을 팔며 시장조사를 했는지 잘 알기 때문이었다.

어느 것 하나 쉽게 결정하는 법이 없는 여자에게 이것도 좋고 저것도 좋겠다는 제안은 역효과만 만들게 빤했다. 신중하지 못한 사람으로 비춰질 위험도 있었다. 그래서 결국 그녀를 데리고 홍콩 재래시장에 가보자 생각했다. 본인이 직접 보면서 뭔가 아이디어를 떠올리지 않겠느냐는 생각이었다.

"갈 데가 있어."

"응? 지금 홍콩 도착했는데 호텔에 짐이라도 놓고 가면 안 돼?"

"그러기엔 시간이 좀 촉박해. 오늘은 토요일이고 지금은 벌써 오후 2시가 되어 가는데 자칫하다간 늦어."

"어딘데 그래? 알았어. 일단 그럼 어딘지 모르지만 같이 가."

재래시장에도 대박 아이템이 있다. 번화가나 유명 관광지가 아닌, 그 나라 사람들 삶 속에 깊숙이 자리 잡은 곳, 아직 잘 알려지지 않은 그곳에 말이다. 홍콩에 카우룽시티마켓九龍城街市으로 가보자.

"요즘엔 시장통 골목에서도 프랜차이즈 가게들이 많지?"

"많다 뿐이야? 이러다간 진짜 대기업시장이 나올 기세라니깐. 재래시장 살린다면서 천막 달고 상가 짓고 하는 건 좋은데, 워낙 재래시장 이미지가 도로에 물건 깔고 파는 거잖아? 그래서 그런지 재래시장에서도 대형 슈퍼마켓이 들어오면 그곳에 사람들이 몰려. 노점에 반찬 팔고 리어카 두고 생선 팔고 하는 사람들은 장사가 예전 같지 않아."

수정이 가져온 수트케이스는 자동차 뒤 트렁크에 실었다. 공항을 빠져나온 지 얼마나 지났을까? 자동차는 이윽고 시장 앞에 섰고 그녀와 함께 내린 나는 시장 건물 안으로 올라갔다.

"여기야."

'낙원樂園?'

우리나라 낙원상가나 낙원시장을 떠올리면 안 된다. 이름만 같다. 여기는 발음을 '록위엔'이라고 한다. 카우룽시티마켓에서 먹거리를 파는 곳인데 이 가게에서 파는 조금 특별한 커피가 오늘의 아이템이다.

가게는 일반적인 푸드코트의 재래시장 버전이랄까? 하나의 공간을 여러 가게가 나눠 쓰는 곳이다. 칠판색으로 된 동그란 테이블을 앞에 두고 동그란 의자에 앉은 사람들이 모이는 곳, 유리창 너머 들어오는 빛도 있지만 가게 내부 조명으로도 어쩐지 투박한 서민의 삶이 고스란히 투영되는 곳이다. 다른 한쪽으로는 네모난 테이블들과 빼곡한 의자들이 놓여 있다. 시장에서 일하는 상인들이 와서 식사를 하는 분위기다.

'여긴 뭘 파는데? 푸드코트 아냐? 근데 누가 손님이고 누가 주인인지 헷갈려.'

온전히 손님과 가게를 구분한 곳이 아니란 얘기다. 가게 상인들은 제 일을 하면서 손님을 받는데, 손님들도 개의치 않는다. 가게 영업시간을 보면 이해한다. 아침 7시 30분부터 시작한다. 아침 식사와 점심 식사를 준비하는 가게다.

"커피 좋아해?"

"응, 좋지."

"잠깐만, 내가 여기서 커피 시켜 줄게."

"오오, 왜 이래? 나 믹스 커피 안 마셔. 알잖아? 설탕 조금이라도 먹으면 살찌는 거."

"여긴 커피에 설탕 안 넣어."

"블랙커피야?"

"아니, 보통 커피 그대로인데 설탕을 안 넣어. 시럽도 안 넣고."

"그럼 뭘 넣어? 말도 안 돼."

"팥."

"뭐? 뭐라고?"

그녀는 놀란 표정을 감추지 못했다. 커피에 팥이라니? 도저히 믿어지지 않는다는 기색이었다. 하지만 실제로 이 가게에서 커피를 주문하면 팥을 넣은 커피가 나온다. 여기서 말하는 '팥커피'는 커피에 설탕을 넣지 않고 팥으로 단맛을 낸 커피를 말한다. 팥으로 단맛을 낸 커피를 주문하면 커피를 내올 때 스트롱 빨대와 수저를 같이 내준다. 알맹이를 같이 퍼먹으라는 의미다.

"달다. 달아."

임수정이 커피를 한 모금 마셔보더니 고개를 들며 말했다. 팥을 넣었을 뿐인데 커피가 단 이유를 모르겠다는 표정이었다.

"단팥죽 알지? 그런 셈이야. 팥만 넣어도 다니까 커피에 팥으로 단맛을 낸 거야. 특이하지? 근데 달기도 해."

"이거 대박인데? 나처럼 살찔까봐 커피에 설탕 안 넣어 먹는 사람들에게도 좋겠어. 팥이 커피랑 이렇게 잘 어울리는 거란 말이야? 여기 영업시간이 언제래? 우리 내일 또 올 수 있어?"

수정이 주위를 둘러보며 말했다. 시계를 찾는 눈치였다. 내가 말했다.

"토요일은 오후 4시까지야. 일요일엔 영업 안 해. 그 대신 평일엔 아침 7시 30분부터 오후 5시까지 영업해."

"그렇구나. 그래서 오늘 서두르자고 한 거였네?"

"응. 그리고 그 팥커피를 여기에서는 카페따우-빽咖啡紅豆冰이라고 불러. 홍콩 발음으로."

"이거 모르고 먹으면 카페라떼인 줄 알겠어. 맛도 비슷한 거 같아."

"커피와 팥이란 게 사실 특별한 건 아냐. 커피빙수에도 팥이 들어가거든. 하지만 여기 팥커피가 특별한 느낌은 아이디어라고 봐야지. 커피에 설탕을 안 넣고 팥을 넣어 단맛을 냈다는 게 특색이거든."

그녀는 내 이야기를 들으면서 연신 고개를 끄덕였다. 팥커피의 맛에 빠진 것인지, 아니면 내 이야기가 맞다는 것인지 몰랐다. 하지만 한 가지 분명한 것은 그녀에게 새로운 아이템이 생겼다는 점이다. 수정이 한국에 돌아가서 새롭게 선보일 그 무엇의 메뉴가 궁금했다.

## 1. 시장 특유의 커피를 만들다.

설탕은 슈퍼마켓에서 팔고 팥은 곡물가게에서 판다. 설탕은 요리에 넣거나 단맛을 내기 위해 구입하고, 팥은 명절에 먹거나 떡을 만들기 위해 구입한다. 이처럼 설탕과 팥을 사는 사람들은 구매 목적도 다르고, 장소도 다르다.

팥커피는 설탕을 뺐다는 점에서부터 사람들의 상식에 충격을 준다. 팥으로 단맛을 낸 커피가 있다니! 사람들에게 저절로 홍보가 되고 입에서 입으로 전해진다. 시장 상인들에게 알려지면 상인들이 거래하는 다른 상인들과 손님들에게도 알려지게 된다. 팥커피는 그 시장의 명물이 되고 사람들이 시장을 찾게 되는 하나의 장점이 된다.


## 2. 불편함을 애써 고치지 않고 손님이 찾아오게 만들다.

팥커피가 인기를 얻고 사람들이 자주 찾게 되었지만, 시내에 가게를 열거나 조리법을 팔지 않는다. 팥커피는 여전히 카우룽시티마켓 3층에서만 판매할 뿐이다. 그래서 사람들은 팥커피를 맛보러 기꺼이 시장에 와야 한다. 시장에 가야 맛볼 수 있는 팥커피, 시장에서 먹어야 하는 팥커피가 된다.

하나의 아이템이 인기를 얻었다고 해서 섣불리 가게를 열고 장소를 넓히진 않아야 한다. 장소가 좁고 찾아오기 불편하더라도 그대로 두면 그게 특색이 된다. 사람들은 기꺼이 찾아와서 맛보기를 마다하지 않는다.

### 3. 반복 재구매의 기회를 열다.

커피를 많이 마시면 목이 텁텁해지고 질리게 된다. 설탕 때문이다. 하루에 커피를 몇 잔 마시는가는 그 사람이 하루에 설탕을 얼마나 먹는가의 문제이기도 하다. 재래시장 상인들의 특성상 손님들도 오고 거래처도 많은 현실에서 하루에 마셔야 하는 커피가 수 잔 이상이 되었다.

재래시장 상인들은 커피 말고 뭔가 다른 걸 찾았지만 그마저도 마뜩치 않았다. 커피를 찾는 손님들에게 오렌지 주스나 다른 음료수를 내놓게 되었다. 커피 가게 입장에서는 손해나는 일이었다.

그래서 팥커피가 등장하게 되었다. 시장 상인들은 하루에도 몇 잔이더라도 기꺼이 팥커피를 주문했다. 가게에 들른 손님들이나 다른 상인들, 거래처들도 팥커피를 좋아하긴 마찬가지였다. 시장상인들 외에도 손님들이나 거래처 사람들 역시 하루에 마셔야 하는 커피가 너무 많았기 때문이다. 습관적으로 마셔야 할 순간이 있는 커피, 커피 말고 다른 걸 찾게 된 손님들에게 다시 팥커피가 주목받게 된 이유다.

# 20

# 남자도 좋아하는,
# 저렴하고 든든한 요깃거리 어떠세요?

SHOP. 햄버거? NO! 파인애플 번? YES, 깜와(金華)

특화된 패스트푸드점. 기존의 프랜차이즈 형태의 패스트푸드점 말고 어떤 가게만의 메뉴로 무장한 독립형 패스트푸드점이 있다. 가격도 저렴하고 독자적인 재료로 빵 속을 채운 햄버거를 판다. 이게 장점인 이유는 '햄버거'를 아는 사람은 많은데 '햄버거가 햄버거지 뭐?'라고 생각하는 고정관념을 깨기 때문이다. 여기에서 성공 아이템이 생긴다.

"이 가게는 뭘 파는데 사람들이 이렇게 많아?"

오늘은 맛있는 새로운 걸 먹어보자는 얘기에 기꺼이 나를 따라 나선 신세경(가명)이 놀라며 말한다. 모처럼의 일요일 오후, 주말을 끼고 홍콩에 쇼핑을 하러 왔다가 귀국을 몇 시간 정도 남겨둔 그녀는 이왕에 홍콩에 온 이상 시간을 더 절약해서 가볼 곳 다 가보고 먹어볼 건 다 먹어보자는 20대 중반의 여성이다. 취업준비생이라 대기업이나 공사 취업을 준비하면서도, 만약 취업이 안 되면 창업하겠다며 아이템 찾으러 홍콩에 왔다고 당당하게 말하는 신세대다.

깜와에 도착했다. 야마테이역 A2 출구로 나와서 걷다가 첫 번째 골목에서 우회전으로 들어가서 골목이 거의 끝날 지점에 있는 가게다. 지리적으로 보더라도 활성화 상권으로 보기 어렵지 않은가? 역세권도 아니고 이면도로에서도 멀다. 그런데 여기 사람들이 몰리는 이유는 바로 이 가게에 오면 에그타르트와 파인애플 빵이 있어서다. 물론 다른 곳과 메뉴는 비슷한데 이곳만의 특색이 있다.

우선 깜와金華란 상호에 대해 이해하고 가자. '황금 중국'이란 의미 정도로 받아들여지는 이름이다. 황금 금金 자에 중국을 의미하는 화華라는 글자로 이뤄진 가게 상호다. '화華' 자는 '꽃이 피다'는 의미로 사용되지만, 중국을 뜻하는 의미로도 쓰인다.

"줄이 길지? 조금만 기다리자."

사람들이 줄을 선다. 그만큼 이 가게가 인기 있다는 얘기다. 그녀는 가게 앞에 줄을 선 상태로 안을 기웃거린다. 내가 자신의 어깨를 톡톡 치자 나를 바라보는 세경에게 가게 앞을 보라고 턱으로 가리켰다. 턱을 앞으로 조금 빼며 가게 쪽을 가리키자 그녀도 고개를 돌려 내가 가리키는 방향을 쳐다봤다.

"저건 빵이잖아? 에그타르트? 저건 나도 먹어봤어. 저게 왜? 이 가게가 에그타르트 맛집이라고? 에그타르트는 뭐 특별할 건 없는데?"

신세경이 내게만 들릴 정도의 작은 목소리로 말했다.

"나무만 보지 말고 숲을 봐."

"응? 무슨 소리야?"

"가게를 봐. 사람들이 여기에 왜 오는지 보일 거야."

포장 손님을 위한 가게 앞 진열은 기본이었다. 가게가 많이 좁아 보이진 않는 크기였지만, 포장해 가는 손님들이 많았다. 그 이유는 이 골목 자체가 유흥가나 먹자골목이 아니라서다. 지나가는 길에, 또는 퇴근길에 이 가게에서 파는 빵을 사 가려는 손님들이 많다.

"우리 차례다. 들어가자."

가게 안에 들어가 보면 어디에서나 보는 평범한 인테리어를 보게 된다. 국내에서도 흔하게 보는 분식집 인테리어다.

"여기 값이 왜 이렇게 싸?"

그녀가 메뉴판을 보다가 놀란다. 자리에 앉아서 메뉴판을 보면 일단 가격이 저렴하다는 것을 알게 된다. 그리고 에그타르트나 파인애플 빵처럼 인기 메뉴들이 이 가게에도 있다는 게 눈에 들어온다. 밀크티도 기본이다. 다른 가게에서도 파는 인기 아이템들인데

이 가게에선 유난히 가격이 더 싸다.

주문을 해보자. 특이한 점은 파인애플 빵과 에그타르트를 손님이 먹기 좋게 반으로 잘라 내온다. 아무것도 아닌 것처럼 보일 수 있지만 손님 입장에선 가게를 다시 생각할 수 있게 해주는 큰 부분이다.

햄버거처럼 큰 파인애플 빵은 여자 손님들은 물론이고 남자들도 한입에 베어 물기 버거운 게 사실인데, 그걸 반으로 잘라서 내오면 모서리부터 먹기에도 편하다. 세경은 에그타르트 한쪽을 집어 입에 넣으면서 나를 보고 고개를 끄덕였다. 내가 이 가게에 와서 무엇을 보라고 한 것인지 알겠다는 표시였다.

"아, 진짜 홍콩에선 쇼핑도 쇼핑이지만 맛집만 찾아다녀도 아이템이 무궁무진한 거 같아."

"맛집 다니는 걸 여행의 목적으로 삼는 사람도 있잖아."

"그러게. 나처럼 장사 아이템 찾으러 오는 것도 홍콩에 좋은 거 같아. 맛집만 다녀도 여러 가지 아이템이 막 떠오르거든. 식당을 할 게 아니더라도 어떤 가게를 열어야 한다든가, 가게를 열면 어떻게 장사를 해야 하겠다는 계획이 막 생겨. 아이디어가 떠오른다 이거지."

세경은 연심 고개를 끄덕이며 말했다. 자기가 생각해도 자기 말이 맞다는 의미다. 에그타르트 한 개 중에서 반쪽을 먹은 그녀가 남은 반을 집었다.

"이 가게는 새벽에 열어. 6시 30분이면 시작하거든. 그리고 밤 12시에 문

닫아."

"아니, 이 가게 사람들은 그럼 잠을 언제 자는 거야?"

"한 사람이 하는 건 아니지. 교대로 근무하는 거야."

"이거 보여?"

그녀가 주문한 파인애플 빵이 나왔다. 그 사이에 재료를 보더니 내게 말했다.

"소보로루빵 같지? 내 생각엔 그 겉면이 파인애플을 닮아서 파인애플 빵이라고 부르는 거 같아. 안에 들어가는 건 버터. 값도 1,000원 정도면 충분해. 저렴하지?"

"나 아까 다른 것도 주문했는데 이 빵엔 고기랑 야채랑 들어갔어. 이것도 파인애플 빵이야?"

"응, 속이 다를 뿐이고, 같은 빵이야."

그녀는 가게 안을 두리번거리더니 벽에 붙은 메뉴 사진을 가리켰다. 자기가 주문한 것과 같은 빵이었다.

"응. 이 가게가 로컬 식당이라서 관광객들은 잘 모르지만, 어렵게 여길 찾아온 관광객이 엉뚱한 걸 먹으면 안 되잖아? 그래서 주인이 벽에 대표 인기 메뉴들을 사진과 함께 붙여놨어. 혹시라도 잘못 주문해서 먹지도 못할까 봐 낭패 볼 걱정은 안 해도 될 거야."

## 깜와(金華)의 성공비결

### 1. 인기 메뉴를 나만의 가격에 팔다.

홍콩에 오는 사람들은 에그타르트와 파인애플 빵을 생각한다. 그만큼 소문난 메뉴이기도 하고 사람들이 여전히 즐겨 찾는 인기 음식이다. 한국에 오는 사람들이 소불고기, 전주비빔밥을 기억하는 것과 같다. 인기 아이템인 만큼 시내 유명 식당들에서도 에그타르트나 파인애플 빵을 파는 가게들은 무수히 많다.

하지만 인기 아이템이라고 해서 반드시 비싼 가격에 맞출 필요는 없다. 손님들 중에는 인기 아이템을 비싸게 돈 주고 먹는 사람들도 있겠지만, 저렴한 가격에 사 먹는 사람들도 있다. 그들은 에그타르트나 파인애플 빵을 자기 집에서 직접 만들어 먹기도 한다.

그래서 전략이 생겼다. 관광객들이나 일부 사람들이 시내에서 비싼(값이 상대적으로 조금이라도 더 비싼) 에그타르트랑 파인애플 빵을 사 먹는다면 나머지 사람들은 모두 집에서 만들어 먹을까? 아니다. 일단 직접 해 먹자니 어려운 건 아니지만 시간도 들고 귀찮다. 어디서 조금 저렴하게 에그타르트랑 파인애플 빵을 판다면 차라리 직접 해 먹기보다 거기서 사 먹을 사람들

이다. 그래서 깜와에 사람들이 몰려들기 시작했다.


## 2. 손님의 하루를 책임지다.

새벽 6시에 집을 나서는 사람들이 있다. 버스 첫차에 몸을 싣고, 지하철 첫차에 올라타는데 이들 중 다수는 일터로 향하는 사람들이다. 직장이 멀어서, 남들보다 일찍 시작해야 하는 일이라서 아침 일찍 일어나는 사람들이다.

일찍 나오다 보니 집에서 식사를 하고 나오기도 벅찬 경우가 생긴다. 간밤에 늦잠을 자거나 아침에 늦게 일어날 때다. 아침식사는 고사하고 허둥지둥 집 밖으로 나서기도 버겁다. 이들은 어떻게 식사를 해야 할까? 그래서 깜와는 새벽 6시 30분부터 문을 열고 밤늦게까지 영업한다. 밤늦게 퇴근하는 사람들은 깜와에 들러 포장해 집에 가서 먹을 수 있다.


## 3. 포장 손님은 가게에 머무르지 않는다.

인기 아이템을 저렴한 가격에 판다. 그렇다 보니 가게 안엔 손님들이 많다. 사람들이 가게 앞에 줄을 서서 기다리는 일이 다반사로 벌어진다. 이대로 가게를 운영해야 할까? 아니면 뭔가 다른 전략을 세워야 할까?

　가게가 오는 손님들을 모두 수용할 수 없다면 포장 손님에 눈을 돌려야 한다. 사람들 중에는 가게 안에서 테이블 잡고 앉아야만 식사를 했다고 여기는 사람들이 있는 반면, 가게에 앉기는 좀 그렇고 집에 가서, 사무실에 가서 혼자 먹거나 사람들과 나눠 먹어도 된다고 생각하는 사람들이 많다. 먹고 싶은 음식이긴 한데 가게에 앉아서 다른 이들과 섞여 먹기는 거부감을 갖는 경우도 있다. 이들은 음식을 포장해 가서 자기만의 공간에서 즐기기를 원한다.

# 에필로그

## 나만 좋아하는 걸 팔지 말고,
## 나도 좋아하는 걸 팔아라!

《홍콩 최고의 장사꾼들》은 글로벌 도시 홍콩에서 세계 각국의 사람들의 입맛을 맞추고 치열한 경쟁에서 살아남는 전략을 이야기한다. 휘황찬란한 조명과 불 꺼지지 않는 거리가 특색으로 알려진 홍콩의 야경은 사람들의 기억에 남아 그들이 언젠가 다시 돌아오게 해주는 하나의 이유가 되었다. 그래서 홍콩 최고의 가게들은 이른 아침부터 밤늦은 시각까지, 때로는 새벽까지도 가게 문을 닫지 않는다. 손님들이 그곳에 머물기 때문이다.

좁은 땅 홍콩이지만 세계 모든 인종이 살아가는 곳이라고 해도 과언이 아닌 곳, 홍콩의 성공하는 가게들은 저마다 살아남는 전략을 갖추고 있었다. 아주 작은 차별화만으로도 지역의 명물이 된 가게도 있고, 사람들이 앞다투어 찾아오게 만드는 인기 명소가 된 가게들도 있다. 그들이 우리네와 다른 것도 아니었다. 그들이 무슨 대단한 자본으로 가게를 연 것도 아니었고, 아무도 못 만드는 기술로 그들만의 메뉴를 만든 것도 아니었다.

홍콩 최고의 장사꾼들은 손님의 입장에서 손님이 불편해할 만한 것들에 집중했고, 손님들이 필요로 하는 가게가 있다면 기꺼이 그 가게로 변모하기도 했다. 때로는 지역적 역사를 특색으로 삼아 가게의 인테리어를 꾸몄고, 중국을 대표하는 동물로써 판다를 캐릭터화해서 쿠키를 만들기도 했다. 과자를 포장할 때도 그 가게만의 특색으로 개수와 진열방식을 고안해냈다.

홍콩 최고의 장사꾼들은 손님들의 시선 하나하나를 절대로 놓치지 않고 소홀히 하는 법도 없었다. 그래서 홍콩 최고의 장사꾼들이 한국의 창업자들, 자영업자들에게 시사하는 바가 크다고 할 수 있다. 잘된다는 소문을 따라 무작정 가게를 열지도 않았고 우후죽순처럼 특정한 아이템을 따라 하는 가게들이 생기지도 않았기 때문이다.

무엇보다 홍콩 최고의 장사꾼들은 어떤 가게가 차별화된 메뉴를 만들고 특색을 만들었다면 기꺼이 그 가게의 고유함을 인정해주고 보호해주는 전략을 사용했다. 그들을 따라 하는 전략보다는 그들과 또 다른, 자기만의 것을 만들기 위해 노력해온 사람들이 바로 홍콩 최고 장사꾼들이었다.

이런 점에서도 한국의 자영업자들이 《홍콩 최고의 장사꾼들》을 보고 배워야할 전략이 많다고 할 수 있다. 그 시발점에 이 책이 세상에 나오게 되었고, 머지않은 시기에 직접 발로 뛰어 찾아낸 또 다른 최고의 장사꾼들 이야기가 나오기를 기대해본다.

## 저작권자 + 사진 제공

| 표지/카우케이아람
travel.ainfomedia.com/archives/480
Photos©www.ainfomedia.com (120, 124p)

| 후위라우샨
http://blog.naver.com/jhot1123/220324678805
사진©우유수 (60, 64p)

| 싱흥유엔
https://taimouioui.wordpress.com/2009/12/04/sing-heung-yuen-%E5%8B%9D%E9%A6%99%E5%9C%92-hong-kong/
Photos©Constance Fung (85, 88p)

| 번스비치바
http://honeyhodduk.tistory.com/459
Photos©달콤한꿀호떡 (95, 97, 100~101p)

| 호놀루루
http://cherry_1103.blog.me/130177795396
사진©조은별 (166~169p)

| 씨우팀곡
http://www.foodcraver.hk/2011/09/behold-shaved-ice-fruit-mountain.html#more
사진©Nini (208p)

■ 개인정보보호차 사진제공 저작권자의 메일주소를 생략합니다
(We'd like not to write an email address for protecting a copyrighters' privacy.)